[融入长江经济带战略，筑就东西部协作品牌]

融入长江经济带与
深化滇沪合作研究

Integrating into the Yangtze River Economic Belt
and Enhancing Cooperation between Yunnan and Shanghai

张体伟　孙长学　等◎著

人民出版社

序

　　北宋李之仪在《卜算子·我住长江头》一词中,用"我住长江头,君住长江尾。日日思君不见君,共饮长江水"的词句,意在抒发思念之情,而着眼于长江经济带建设的现实和未来,更贴切地表达滇沪共融经济带、共同深化区域合作的愿景。

　　长期以来,云南省在矿产、水电等资源开发、民族团结进步、边疆繁荣稳定、国家西南生态安全屏障建设等领域,为国家和东部地区经济社会发展作出了巨大贡献。然而,云南省集"老、少、边、穷、山"于一体,经济社会发展水平明显落后于上海市等东部发达地区。上海市等东部发达地区加强与云南省等西部欠发达地区对口帮扶与区域合作,正体现习近平总书记2013年4月7日在博鳌亚洲论坛主旨演讲时所提出,要"着力推进合作,为促进共同发展提供有效途径","一花独放不是春,百花齐放春满园"。赵明刚先生(2011)提出社会主义制度优越性、中华民族优良传统、独特政治文化和现实国情赋予对口帮扶合作丰富的内涵和鲜明的中国特色,它是在特定政治生态中孕育、发展和不断完善的一项具有中国特色的政策模式;是党中央、国务院为加快民族地区发展,维护民族地区稳定,缩小东西部差距,加强东西部合作的一项重要战略举措。1996年,中央从"两个大局"出发,部署了加强东西部协作促进区域协调发展的战略举措,确定了上海市对口帮扶云南省并开展经济社会合作。在党中央、国务院亲切关怀和大力支持下,滇沪两地党委、政府高度重视并强势推进帮扶合作工作,滇沪对口帮扶与区域合作已成为东西部协作一大品牌,帮扶合作领域不断拓展和深化,云南省受援地区发展后劲不断增强,滇沪帮扶合作有力促进了云南省经济社会发展、民族团结进步和边疆繁荣稳定。

深化滇沪对口帮扶,加强区域合作,是新阶段区域开发与脱贫攻坚的重要组成部分;是新时期加强东西部协作的内在要求;是承接东部产业转移、"抢滩"面向南亚东南亚辐射中心建设的战略举措;是"一带一路"建设、长江经济带战略部署的新形势下滇沪两地共同发展的客观要求;是促进滇中产业集聚区建设和云南省同步建成小康社会的重要引擎;也是促进民族团结进步、边疆繁荣稳定的具体体现。

回顾滇沪帮扶合作20年的历程,经历了以扶贫开发为主的探索阶段、扶贫开发与经济合作并重的拓展阶段、对口帮扶向区域合作转变的发展阶段以及新时期精准扶贫与区域合作开发相结合的全面合作阶段等四大阶段。滇沪合作区域空间不断拓展,1996—2015年上海市重点帮扶文山、红河、思茅(后更名为普洱)3个州市及所辖的23个县,到2004年又增加了迪庆州的3个县作为对口帮扶对象,文山、红河、普洱、迪庆4个州市26个县成为滇沪合作的重点帮扶区域。2011年以来,保山市、西双版纳州两个市州增列为滇沪经济合作重点州市,形成滇沪帮扶合作"4+2"格局(4个帮扶结对州市,2个重点经济合作州市)。

1996—2015年的20年间,上海市在云南省累计投入帮扶资金38.1亿元,实施整村推进、新纲要示范村、产业发展、特困群体帮扶、社会事业、人力资源培训等重点帮扶项目8000多项,覆盖云南省滇西边境山区、乌蒙山片区、石漠化地区和迪庆藏区的30多个贫困县。滇沪帮扶合作取得显著成效,已成为东西部协作一大品牌,帮扶合作领域不断拓展,合作模式和机制不断创新,滇沪帮扶合作有力促进了云南经济发展、政治稳定、民族团结、边疆巩固与社会和谐。

2016年,滇沪帮扶合作空间区域作重大调整。即上海市14个区与云南省7个少数民族自治州和1个地级市结对开展重点扶贫协作,其中:延续与文山、红河、普洱、迪庆4个州市的结对关系不变;新增大理、楚雄、德宏3个自治州为结对关系;提升西双版纳州"重点经济合作"关系为"重点扶贫协作"关系。另外,在将保山市原有的"重点经济合作"关系延续为"面上扶贫协作"关系的基础上,将曲靖市、临沧市、丽江市新增为"面上扶贫协作"关系,以企业为主体与其结对,以"千企帮千村"行动计划,实施面上扶贫协作,帮助该4个地级市所属贫困县完成脱贫攻坚任务。滇沪帮扶合作空间调整拓展后,滇沪帮扶合作由原有的"4+2"格局(4个帮扶结对州市,2个重点经济合作州市),转变为"8+4"格局(8个重点扶贫协作关系,4个面上扶贫协作关系)。2016年,除中央统一安排广东省结对的昭通市、怒江傈僳族自治州,以及昆明市、玉溪市不列入重点帮扶州市以外,滇沪帮扶合作基本上实现了对云南省各州市扶贫协作全覆盖。

自2014年9月,国务院发布了《关于依托黄金水道推动长江经济带发展的指导意见》,将长江经济带正式上升到国家战略的高度,打造中国经济新支撑带,明确了长江经济带四项战略定位:具有全球影响力的内河经济带、东中西互动合作的协调发展带、沿海沿江沿边全面推进的对内对外开放带、生态文明建设的先行示范带。2016年《长江经济带发展规划纲要》相继出台。云南、上海等省市正围绕《长江经济带发展规划纲要》抓紧制定各省市的实施方案,抢抓长江经济带战略的重大机遇。

长江经济带发展的指导意见及规划陆续出台,将同在长江经济带上的滇沪区域合作提到了支撑国家统筹协调发展、形成沿海同中西部良性互动与相互支撑新格局的新高度,为深化滇沪合作指明新方向、提出新要求。改革开放最前沿的上海市和沿边开放最前沿的云南省如何站在主动服务和融入国家战略高度,深刻领会服务"两个大局"政策内涵,贯彻落实国家东西部协作会议精神,需要做好顶层设计,高位推动,按照"五位一体"总体布局和"四个全面"战略布局,贯彻落实创新、协调、绿色、开放、共享的发展理念,坚持优势互补、利益共享、合作共赢原则,以增强"双向开放"能力为目标,以市场为导向,以供给侧结构性改革为主线,以对口帮扶为基础,以经济产能合作、社会事业帮扶、生态廊道建设为重点,"三位一体"重点突出脱贫攻坚与产能合作,精准对接并继续巩固教育、医疗、科技、文化等社会事业合作成果,共同打造长江经济带绿色廊道,共筑生态安全屏障。

促进滇沪主动服务和融入长江经济带战略,并与云南省民族团结进步示范区、生态文明建设排头兵、面向南亚东南亚辐射中心"三大定位"有机衔接。利用政府这只"看得见的手",做好顶层设计和健全体制机制,加强协作共推,加大帮扶合作投入,并与脱贫攻坚精准对接;利用市场这只"看不见的手",促进资源要素配置精准,推动企业合作、产能协作、园区共建和利益共享。建立健全省际经济合作协调机制、省际合作利益共建共享机制、聚焦精准扶贫完善对口帮扶机制、强化提升自我发展的内生动力机制,借外力、强内生、促合力,完善滇沪合作机制。从财政及投融资政策、产业政策、土地政策、生态环保政策和人才政策等层面,为融入长江经济带战略和深化滇沪合作提供强有力的政策支撑保障。

《融入长江经济带与深化滇沪合作研究》一书即将出版,不仅从服务和融入长江经济带、服务"两个大局"的战略高度,更是从推进东西部协作、深化滇沪区域合作的实践层面,围绕新机遇,探索新思路,提出新举措,是一部为深化省际区域合作,深度融入国家战略,提供具有学理支撑、实证参考的学术著作。

何祖坤

云南省社会科学院、中国(昆明)南亚东南亚研究院党组书记、院长

2017 年 6 月于昆明

目　　录

自　序

　　弹指一挥间,滇沪对口帮扶与区域合作已步入弱冠之年,已成为东西部协作一大品牌。随着国家西部大开发推进和新扶贫纲要实施,特别是中央关于长江经济带的战略部署,对进一步深化滇沪合作提出了更高更新的要求。为深入贯彻落实宁夏会议习近平总书记重要讲话精神,针对滇沪对口帮扶合作的重大理论问题、重大实践经验、重大现实问题需要系统、深入调研。云南省人民政府与中国社会科学院战略合作框架下设立的"省院合作"项目适时立项开展"融入长江经济带战略与深化滇沪合作研究",具有较强的现实紧迫性和实践研究价值。

　　上海在长江经济带建设中处于"龙头"地位,是改革开放的最前沿,是改革开放的排头兵;云南作为我国面向南亚东南亚的辐射中心,处于长江经济带的"龙尾"地位,是沿边开放的最前沿,是长江经济带的生态安全屏障,是生态文明建设的排头兵。滇沪区域合作,需站在主动服务和融入国家"一带一路"、长江经济带和中央加大东西部协作的战略高度上,借力上海自贸区和云南辐射中心两大平台,以优势互补为基础,合作共赢为目的,以市场为导向,以产业为主线,以资产为纽带,以政策为支撑,结合供给侧结构性改革,打开西南通道,推动全域发展,深度参与南亚东南亚区域合作,务实推进"龙头"与"龙尾"互相呼应,区域互动联动发展,形成全方位、宽领域、多层次的区域合作共赢、多赢格局,打造成为东西部协作示范的新窗口、新高地。

　　《融入长江经济带与深化滇沪合作研究》著作作为云南省社会科学院农村发展研究所牵头、国家发展和改革委员会经济研究所发展战略与规划研究室联合参与完成的课题成果,论证透彻。该著作在相关文献系统梳理和理论支撑的基础上,通过对云南省典型州市及上海市政府合作交流办、上海市社科院的深入调研,回顾滇沪对口协作不断探索、不断创新实践的历程,总结取得的主要成效和经验,剖析滇沪合作中仍面临产业协作短板、区域合作实践"单向"合作多、互动不足等突出问题,还未形成资源互补、产能融合、经济协调发展的区域合作格局,提出新时期下融入长江经济带战略与深化滇沪合作的总体思路,侧重对滇沪经济(产能)合作、社会事业合作、共筑经济带绿色廊道生态安全屏障的重点领域及路径进行深入探讨,提出完善体制机制及政策建议。该著作成果体现出研究深入、论证充分、逻辑严密、结构合理、重点突出、文本规范,提出了具有可操作性的对策措施,对云南省融入长江经济带战略、深化滇沪区域合作具有较强的实践参考价值。

《融入长江经济带与深化滇沪合作研究》著作不乏创新。该著作以比较优势理论、区域协同创新理论、梯度推移理论、包容发展等理论为支撑,聚焦滇沪合作重大实践经验、重大现实问题。从经济产能、社会事业和生态环保"三位一体"视角,创新提出滇沪经济合作由产业帮扶向新阶段的产能合作、园区共建层次深度推进;探索科教文卫合作的重点路径,筑牢发展后劲;提出以"生态优先"理念为引领、以培育绿色发展新动能为抓手、以共建经济带省际环境交易所、环境要素交易中心为平台,共同打造长江经济带绿色廊道,共筑生态安全屏障。创新提出建立健全"四大机制""五大政策"支撑,研究视角独到。

由课题组撰写的前期咨询成果《新时期下进一步深化沪滇帮扶合作的思路和建议》,通过云南省人民政府办公厅《信息专报》2015年第52期呈报,获得省长、副省长两位主要省级领导的重要实质性批示,引起了重视。咨询成果中提出筹建滇沪合作促进会、拓展帮扶合作空间等对策建议已得到省政府采纳并付诸滇沪合作实践中。课题组完成的《滇沪对口帮扶与区域合作研究》成果于2016年5月获得云南省人民政府颁发的省第十九次哲学社科优秀成果三等奖。一系列与本著作紧密相关的研究成果已产生良好的社会影响,与课题组团队倾力合作和投入大量的精力分不开,对课题组青年学者自身学术研究是一个提升。

　　即将出版面世的《融入长江经济带与深化滇沪合作研究》著作,通过系统梳理长江经济带战略与区域合作相关理论,旨在构建滇沪深化合作的理论分析框架,为滇沪深化合作寻求理论支撑;通过多层次、多视角、多领域地探讨融入长江经济带战略与深化滇沪合作的实践问题,旨在为新时期进一步深化滇沪区域合作寻求新的突破口和着力点;从服务党委政府决策上,通过滇沪跨省市调研以及云南省内典型州市、代表性部门、相关利益群体的系统调研,增强新时期、新形势下服务和融入长江经济带等国家战略的紧迫性和责任感,通过调研发现的新情况、新问题,结合新要求、新需求,探索出新思路、新路径和新举措,提出滇沪区域协同创新体制机制完善和政策支撑建议,增强问题导向意识和决策服务能力,有其决策参考价值。

张体伟

云南省社会科学院农村发展研究所副所长、研究员

2017 年 6 月于昆明

导　　论

本书系云南省政府与中国社科院战略合作框架下设立的"省院合作"项目"融入长江经济带战略与深化滇沪合作研究"成果。长江经济带发展的指导意见及规划陆续出台,将同在长江经济带上的滇沪区域合作提到了支撑国家统筹协调发展、形成沿海同中西部良性互动与相互支撑新格局的新高度,为深化滇沪合作指明新方向、提出新要求。为此,本书通过对云南省典型州市及上海市政府合作交流办、市社科院的深入调研,系统回顾滇沪区域合作历程、现状,总结取得的成效,剖析面临的突出问题,提出融入长江经济带战略与深化滇沪合作的总体思路,侧重对滇沪经济(产能)合作、社会事业合作、共筑长江经济带绿色廊道生态安全屏障的重点路径进行了探讨,提出完善体制机制及政策建议。

第一节　研究背景

长期以来,云南在矿产、水电等资源开发、民族团结进步、边疆稳定繁荣、长江经济带生态安全屏障建设等领域,为国家和东部地区经济社会发展作出了巨大贡献。然而,云南集"老、少、边、穷、山"于一体,经济社会发展水平与上海等东部地区的差距日益拉大,脱贫攻坚与全面建成小康社会的任务十分艰巨。1996 年以来,中央从"两个大局"出发,为加强东西部协作促进区域协调发展,确定了上海市对口帮扶云南省。随着国家西部大开发推进和新扶贫纲要实施,特别是中央关于"一带一路"建设和长江经济带的战略部署,以及创新扶贫机制、实施精准扶贫的部署要求,对进一步深化滇沪合作提出了更高更新的要求。

在此背景下,云南省政府与中国社会科学院达成的战略合作框架协议下设立的"省院合作"项目适时立项开展"融入长江经济带战略与深化滇沪合作研究",具有较强的现实紧迫性和应用决策研究价值。为此,课题组通过对云南省扶贫办帮扶协作处、云南省典型州市以及对上海市政府合作交流办、上海市社会科学院等部门和专家的调研,在相关理论文献梳理基础上,系统回顾总结滇沪区域合作历程和现状,分析取得的主要成效和经验,剖析面临的突出问题、制约因素及形势,提出融入长江经济带战略、深化滇沪区域合作的总体思路,重点研究滇沪经济(产能)合作、社会事业合作的领域和路径,探索滇沪共建长江经济带绿色廊道生态安全屏障的合作路径,并针对发现的问题,提出完善体制机制及政策建议。

第二节　研究思路和方法

一、研究思路

本书将遵循"全面收集文献资料、做好综述和理论支撑研究→全面回顾总结滇沪融入长江经济带战略与加强区域合作的主要发展历程、主要成效和经验做法→结合问题、形势和条件分析,提出滇沪融入长江经济带战略与加强区域合作的总体思路→融入长江经济带战略与深化滇沪区域合作的重点领域及路径选择→体制机制完善与政策支撑"的研究思路。

二、研究视角

从区域协同创新、深化合作、融入国家战略的视角出发,从滇沪融入长江经济带战略与深化区域合作的空间拓展,经济与社会发展、生态建设合作的重点领域及路径选择、体制机制建立完善与政策支撑等多领域、多视角、多层次系统研究,提出针对性强的决策建议。

三、研究路径

首先,本书需要深入阐述长江经济带战略、区域合作理论和系统梳理相关文献,为融入贯穿本书研究奠定好理论基础。其次,系统、全面、客观地总结回顾和评价滇沪区域合作的主要历程、主要成效和经验做法,深度剖析面临的突出问题和面临的形势条件,掌握好发展现状,奠定本书的现实研究基础。第三,在理论和现状分析基础上,从总体思路、重点任务等方面,提出融入长江经济带战略与深化滇沪合作的总体构想,奠定好本书研究的运用基础。第四,着力研究好融入长江经济带战略与深化滇沪合作的重点领域及路径选择,突出本书研究的逻辑基础和重心。第五,结合长江经济带战略实施,就滇沪合作的区域协同创新机制体制建立健全、政策支撑和对策措施进行研究,奠定本书研究的政策建议基础。

四、研究方法

本书在文献资料及相关理论研究基础上,将选取有代表性的典型州市和相关利益群体深入幵展实地调研,多渠道获取并验证一手资料;并将区域经济学、制度经济学、计量经济与统计学、农村发展、社会学、生态经济等学科理论方法和工具,综合运用到研究问题分析之中;采取理论与实践、定性与定量、静态与动态相结合的方法,在系统实证研究和规范理论分析基础上,坚持历史与现实统一,学术性和政策性相衔接,突出创新性和应用性。具体而言,主要有以下五个研究方法。

（一）二手资料搜集法

采用二手资料收集整理与研究的方法对国内外研究现状、相关长江经济带战略与区域合作理论进行梳理,融入和贯穿到本书研究之中。

（二）访谈调研法

通过滇沪跨省市、跨部门调研,并选取有代表性的云南省部分州(市)进行实地调研,从专家、部门及关键信息人收集并反馈意见,多渠道获取一手资料。采用参与式调查法和个案研究法,通过小组访谈、关键信息人访谈等探索融入长江经济带战略背景下深化滇沪区域合作面临的困惑和难点,分析存在的问题及原因。

（三）定量分析法

通过关键部门调研收集的二手资料和数据,摸清"家底",对滇沪区域合作的历程和现状进行分析和评估;用数据说话,剖析存在的主要问题,找出关键性影响因素和不足,探索其合作路径和关键着力点。

（四）比较分析法

通过对上海与其他省区、滇沪不同州市合作与融入长江经济带战略路径选择的调研,比较分析其效果、经验和不足,重点关注深化合作的重点领域和路径。

（五）归纳法

本书主要从特殊个案归纳提炼,上升到一般政策建议。

第三节　研究框架设计

本书在框架设计上,围绕以下四大方面,采用七章进行系统研究。具体研究内容和框架如下所述。

一、发展历程和现状分析

第一章、第二章,主要目标是奠定本书的现实基础。分别从熟悉和摸清"家底",找准症结"把好脉"。通过系统梳理滇沪合作 21 年的主要历程、主要成效和积累的主要经验,以及在融入长江经济带战略、强化滇沪区域合作过程中面临的突出问题、障碍因素和机遇挑战剖析,全面、系统、客观地评价和反映滇沪融入长江经济带战略与加强区域合作现状,力求做到研究家底清。

二、面临形势及总体思路

第三章,主要目标是奠定本书的应用基础,主要为破解新时期滇沪融入长江经济带战略抓抢区域合作机遇面临的难题,从内外部环境分析及总体思路上破题。通过对面临的机遇和挑战等形势的分析,结合新时期下国家推动长江经济带发展的四大战略定位,着力研究如何发挥上海的引领带动作用和增强云南面向南亚东南亚辐射中心功能,共同培育滇沪开放合作的新优势,在总体思路、重点任务上,构思未来滇沪融入长江经济带战略与加强区域合作的总体构想。

三、重点领域及路径选择

第四、五、六章,主要目标是奠定本书的逻辑基础和重心,重点探讨经济(产能)合作、社会事业合作以及生态环保合作的重点及路径。首先,在研究滇沪合作的空间如何拓展和深化的基础上,着力探讨研究滇沪经济合作重点领域及路径选择,包括长江经济带滇沪产业帮扶、产能合作、园区共建等深层次推进协同融合发展,重点研究共建沿边自贸区、边合区、跨合区、产业园区、综保区以及滇中新区的路径选择,产业转移承接,战略性新兴产业培育,传统优势产业改造提升,滇沪金融合作等领域。其次,研究社会事业合作如何加强,尤其是滇沪对口帮扶中的扶贫开发、支医支教和科技人文交流合作如何深化,促进多层级交融式合作。再次,结合长江经济带绿色廊道建设,对跨省域生态补偿区域合作机制进行实证研究,尤其是要研究地处长江流域中上游的云南省进行生态修复与生态屏障建设、水环境污染和治理等,下游的上海市等省市如何对中上游的云南省等省市在绿色廊道共建、生态补偿等展开区域合作。

四、体制机制完善与政策建议

第七章,主要目标是奠定本书的政策建议基础,结合长江经济带战略实施以及滇沪帮扶合作过程中面临的突出问题及障碍因素分析,就滇沪合作的区域协同创新机制体制建立健全、政策支撑和对策措施进行研究,以问题为导向,研究提出具有针对性强和可操作性的对策建议。

第四节　研究主要发现

一、滇沪合作取得明显成效

自对口帮扶以来,滇沪合作历经了以扶贫开发为主的探索阶段、扶贫开发与经济合作并重的拓展阶段、对口帮扶向区域合作转变的发展阶段以及新时期精准扶贫与区域合作开发相结合的全面合作阶段等四大阶段。2016年,除中央统一安排广东省结对昭通市、怒江州以及昆明市、玉溪市不列入重点帮扶州市以外,滇沪帮扶合作基本实现对云南省各州市扶贫协作全覆盖,已由原有"4+2"格局(4个帮扶结对州市、2个经济合作州市),拓展为"8+4"格局(8个重点扶贫协作州市,4个面上扶贫协作州市)。1996—2015年,上海在滇累计投入帮扶资金38.1亿元,实施整村推进、新纲要示范村、产业发展、特困群体帮扶、社会事业、人力资源培训等重点帮扶项目8000余项,其中教育、医疗卫生、科技、文化等民生帮扶项目3398项,基础设施4682项,产业帮扶550余项,覆盖滇西边境山区、乌蒙山片区、石漠化地区和迪庆藏区的30多个贫困县。1996—2015 年,滇沪经济合作项目累计实施 2000 多个,实际到位项目资金 646 亿元。上海对口帮扶文山、红河、普洱、迪庆 4 个州市 26 个县的贫困人口从 2011 年年末的 278.09 万人下降到 2015 年年末的 125.40 万人,减少了 152.69 万人,贫困发生率由 45.25% 下降到 19.31%,下降了 25.94 个百分点,减贫率达 54.91%。上海对口帮扶 26 个县的农民人均纯收入、人均生产总值、农林牧渔业总产值、人均财政收入等指标年均增幅均高于云南省、云南 73 个国家级扶贫开发重点县、云南 7 个省级扶贫开发重点县和 25 个边境县的平均水平。滇沪经济合作成效显著,已成为东西部协作一大品牌,帮扶合作领域不断拓展,合作模式和机制不断创新,有力促进了云南省经济发展、政治稳定、民族团结、边疆巩固与社会和谐。

二、研究发现的问题不容忽视

(一)缺乏顶层设计,协同创新不力

第一,认识割裂,缺乏顶层设计。改革最前沿的上海市和沿边开放最前沿的云南省未站在如何主动服务和融入国家战略高度,对国家东西部协作、服务"两个大局"政策内涵存在认识"割裂",帮扶合作"跛脚前行"。全面深化改革背景下,上海方帮扶合作工作方式、模式和空间仍沿袭"惯性",缺乏创新,未切实给予云南方更多"主导权"[1]。云南方观念滞后,方式单一,"紧盯"项目和资金,服务"短板"突出,未在"一带一路"、经济带与辐射中心的战略服务上狠下功夫,未在承接产业转移的服务上狠下功夫。第二,投入力度不足。2015 年,上海援滇资金 3.11 亿元,仅为上海对口支援资金总量 31 亿元的 1/10,不到上海援疆资金的 1/6。第三,精准对接贫困县未全覆盖。"8+4"框架下,滇沪对口帮扶 8 个重点扶贫协作州市涉及 50 个贫困县中的 42 个,4 个面上扶

---

[1]　张体伟、王奇:《深化发达地区对口援藏的思路和对策研究》,《中国经贸导刊》2015 年第 27 期,第 50 页。

贫协作州市 20 个贫困县涉及 14 个,仍有 14 个贫困县未纳入"重点扶贫协作关系"之中。第四,区域合作缺乏协同创新。产业帮扶投入占比不足 10%,产能合作拓展不力,园区平台共建滞后;社会参与区域合作路径不畅,缺乏有效载体平台,尚未有效撬动社会民间力量参与;"云品入沪""沪企入滇"进展缓慢,离"百户千亿"目标尚有差距;"飞地经济"模式尚未建立,合作缺乏政策突破和配套衔接。政府主导型的区域合作机制缺乏市场动力,联动格局尚未建立,开放合作潜力有待深挖。

(二)体制不顺,协作机制不完善

云南省成立对口帮扶合作领导小组,由省委书记任组长,省长、省委副书记任副组长,省级相关职能部门参与,领导小组办公室设在云南省扶贫开发办公室,运作在省扶贫办帮扶处,主要负责跨省市、跨州市、跨部门的帮扶合作统筹协调工作和领导小组办公室日常工作,任务繁重。领导小组规格高,但办公室低配,行政级别不足,协调省级职能部门难度大。"8+4"框架下州市级层面,部分重点扶贫协作州市和面上扶贫协作州市对口帮扶合作领导小组尚未组建,省级与州市级领导小组办公室之间的衔接、协调受"条条块块"制约,部门沟通协调机制不顺。成员单位部门协作机制尚未健全,尚未形成有机整合、无缝协作局面,帮扶合作互促机制和统筹推进格局尚待完善。合作法制环境不健全,监督评估机制不完善,绩效评价和激励机制缺乏,影响帮扶合作工作积极性。

(三)"四症"现象突出,影响帮扶协作效率

由于滇沪双方出于不同目标和期望,对帮扶政策有不同解读,"供需"项目安排存在差异,帮扶合作对象和主体脱节,"单相思症"现象出现。由于市场化合作挖潜不够,政府主导型帮扶机制单一,合作动力不足,"帮扶疲劳症"产生。由于政府主导型的帮扶合作机制下贫困主体自我需求和发展能力被忽略,阻碍外在帮扶力量的内在动力化,被帮扶者自我脱贫动力和自我发展能力不足。① 对实施援助项目投工投劳、筹资筹料、参与项目建设的主观能动性未得到充分激发,部分受援区"等、靠、要"依赖的"贫血症"现象依然突出。部分项目前期工作缺乏深入细致调查,规划缺乏前瞻性,导致项目实施不能严格按规划实施,中途申请变更,既影响进度,又影响实施效果。帮扶合作项目"重建设、轻管理"的"败血症"问题需引起重视。现象突出,未充分发挥基层组织、协会、中介组织等项目管理载体作用,后续管理跟不上,设施损坏、资源浪费、重复建设等问题突出。

(四)项目配套性、可持续性不足,可及性低

部分项目规划建设缺乏配套性,造成资源低效使用。例如,部分援建的中小学缺乏配套设施,投入建成的实验室、图书馆等场馆低效利用。支教支医可持续性不足。2013 年以来,支教支医工作暂停,而州(市)基层干部群众对支教支医需求仍十分强烈。培训"门槛"高且可及性低。以医疗帮扶合作为例,到沪培训要求副高级以上的医技人员,绝大部分州县医院医技人员未能"入围"。远程医疗辅助诊断设施不足和学习培训门槛高成为影响医疗帮扶合作效果的两大"硬伤"。②

(五)经济联动性差,区域合作深度不足

沪企在滇投资占比小,与帮扶结对的关系不匹配。2015 年滇沪经济合作项目 191 项,实际到位资金 168.1 亿元,虽同比增长 20.3%,但沪企投资占云南省省外到位资金总量的 3%以下,列省外在滇投资第10 位。与滇沪对口帮扶形成东西部协作品牌的地位相比,滇沪经济合作明显滞后。1996—2015 年,滇沪经济合作项目实际到位资金累计达

---

① 张体伟、王奇:《深化发达地区对口援藏的思路和对策研究》,《中国经贸导刊》2015 年第 27 期,第 50 页。

② 张体伟:《发达地区对口援藏与云南藏区提升自我发展能力研究》,中国社会科学出版社 2017 年版,第 67 页。

646亿元,不及浙江商会在滇2016年一年的投资到位资金量。上海国企数量占比大且国企机制不灵活的"痼疾"一定程度上制约了滇沪经济合作,而浙江民营企业机制灵活,在区位、资源和利益等多重要素权衡下,找准商机,赴滇投资保持强劲态势。"沪企入滇"考察洽谈业务多,实际落地项目少,落地企业投资领域狭窄,两省市在园区结对共建、产能合作挖潜不力。

三、融入经济带与深化合作需创新思路

按照"五位一体"总体布局和"四个全面"战略布局,贯彻落实创新、协调、绿色、开放、共享的发展理念,主动服务和融入"一带一路"、长江经济带战略,坚持优势互补、利益共享、合作共赢原则,以增强"双向开放"能力为目标,以市场为导向,以供给侧结构性改革为主线,以对口帮扶为基础,以经济合作为重点,按照"一大衔接、两手发力、三位一体、四大机制、五大保障"的总体思路,加强协调联动,完善平台载体,创新政策机制,持续提高对口帮扶绩效,拓展合作空间,着力打造我国创新驱动转型发展的典型示范和东西部互动合作联动发展的样板,为国家推动长江经济带战略实施提供有力支撑。

一大衔接:促进滇沪主动服务和融入长江经济带战略,并与云南"三大定位"有机衔接,强化对口帮扶,深化区域合作。

两手发力:利用政府"看得见的手",做好顶层设计和健全体制机制,加强协作共推,加大帮扶合作投入,并与脱贫攻坚精准对接;利用市场"看不见的手",促进资源要素配置精准,推动企业合作、产能合作、园区共建和利益共享。

三位一体:通过社会事业合作、经济产能合作和生态环保合作,"三位一体"重点突出脱贫攻坚与产能合作,精准对接并继续巩固教育、医疗、科技、文化等社会事业合作成果,共同打造长江经济带绿色廊道,共筑生态安全屏障。

　　四大机制:建立健全省际经济合作协调机制、省际合作利益共建共享机制、聚焦精准扶贫完善对口帮扶机制、强化提升自我发展的内生动力机制,借外力、强内生、促合力,完善滇沪合作机制。

　　五大保障:从财政及投融资政策、产业政策、土地政策、生态环保政策和人才政策等方面,为融入长江经济带战略和深化滇沪合作提供政策支撑保障。

四、突出重点领域及合作路径

(一)经济合作重点及路径

　　推动滇沪经济合作由产业帮扶向新阶段的产能合作、园区共建层次深度推进。

　　1.着力实施产业帮扶

　　大力推进"云品入沪"和"沪企入滇"工程,深入实施"千企帮千村"扶贫行动,精准对接贫困村,建立企村共建利益联结机制;推进文旅融合,借鉴上海产业帮扶怒江州独龙乡普卡旺"文旅融合"扶贫模式,助推脱贫攻坚;增强农村集体经济实力,全面推进强基惠民股份合作经济。

　　2.着力加强产能合作

　　结合供给侧结构性改革,优势互补,共促高原特色农业合作开发,拓链提值,打造特色产业联合体、现代农庄、田园综合体,促进农村三产融合发展。抢抓辐射中心战略机遇,围绕八大重点产业,共同打造生物医药和大健康产业;共同打造先进装备制造产能合作基地;协同振兴云南食品制造、轻化工业产业;合作共推新材料产业发展;承接推动现代清洁载能产业开发;创新驱动,承接产业转移,共同打造产业集群,推动滇沪新型工业产能合作。大力推进现代服务业合作,充分发挥上海现代服务业发达的优势,依托云南面向南亚东南亚开放的前沿优势,内培外引,推进实施"金融入滇"工程,促进总部设在上海的境内外法人金融机构在滇设立分支机构,支持浦发银行、富滇银行开展"银银合作"并到南亚东南亚各国设立分支机构,支持共推昆明区域性金融中心、云南沿边金融综合改革试验区建设。推进长江经济带全域旅游。补足短板,共促现代物流业发展。发挥引领优势,推进云南信息服务业发展。

3.共建产业合作平台

以滇中新区为龙头,以各州市经开区、边(跨)合区、综合保税区为辅,主动承接具有国际水准、代表产业高端的龙头企业和重大项目,促进云南承接上海产业向园区转移,共建国际产能合作基地。

(二)社会事业合作重点及路径

1.深化教育帮扶合作,激发内生动力

精准对接重点扶贫协作地区教育事业发展需求,推进"校校结对",建立长期合作交流机制。"8+4"框架下开展上海市14个区中小学教育帮扶云南省12个州市、70个贫困县中小学。恢复支教,保持上海支教衔接性、连续性和稳定性。借鉴上海高校、中小学开办内地新疆班、西藏班做法,开办"云南班"。充分运用"白玉兰"远程教育网,注重师资培训。

2.深化医疗帮扶合作,筑牢健康防线

"8+4"框架下强化医疗卫生精准对口帮扶,加强技术帮带、人员培训、设备援助。落实医院"结对帮扶合作协议",推进上海三级医院、社区医院与贫困县级医院结对帮扶。协作推进云南医改分级诊疗、医联体建设、改善医疗服务等工作;开展"组团式"医疗健康帮扶工作,通过"院院结对"、科室结对、医疗团队结对途径,提升县乡医院临床专科能力。建立区域医疗卫生信息平台,帮扶建设人才队伍,提高医技水平,助力健康扶贫。保障托底,补贫困地区医疗服务短板,构筑多重医疗保障网,用帮扶资金为建档立卡贫困户购买"附加商业健康保险",医保精准兜底。

3. 深化文化帮扶合作,助力文化云南

补短板,完善贫困地区公共文化设施网络;畅渠道,打通贫困地区公共文化服务"最后一公里";尊民意,创建"按需点单"公共文化服务模式;有创新,依托文化创意产业传承云南非物质文化遗产;"文旅合",促进文旅产业融合发展;育人才,注重文艺类人才的培养。

4. 深化科技合作,推进技术转移

加强滇沪共建国家工程实验室、国家重点实验室、国家工程(技术)研究中心、国家级企业技术中心,支持云南共建联合创新平台。建立完善一批创新成果转移转化中心、知识产权运营中心和产业专利联盟。以提升科技创新能力为主线,着力构建科技合作机制,着力推动滇沪科技合作从点到面、从前端到后端、从经济到民生的拓展,着力推进智能电网、生物医学、产业与环保节能技术等领域的科技合作。

(三)共建长江经济带绿色廊道的重点和路径

着力推进改革开放排头兵的上海市与生态文明建设排头兵的云南省加强生态环保合作,以共融长江经济带战略为主线,围绕"一理念、一廊道、一产业、一平台、一机制"的路径,以"生态优先"理念为引领,唱响绿色发展"主旋律";以经济带规划为引领,共建经济带绿色廊道、共筑生态安全屏障;以培育绿色发展新动能为抓手,以市场为引领促进绿色产业互融;以共建经济带省际环境交易所、环境要素交易中心为抓手,共推平台支撑建设;以制度为保障,健全跨省际生态环保协调机制,构建环境污染联防联控机制;组建经济带生态补偿委员会,探索跨省际生态补偿机制;创设滇沪绿色发展基金,组建滇沪环保投资公司;发展绿色金融,推进生态环保 PPP 项目实施,多措并举,把滇沪省际生态环保合作推向新高度,打造东西部生态治理协作的又一典范。

五、健全体制机制强化政策支撑

（一）健全省际经济合作协调机制

1. 健全组织协调机制

提升对口帮扶领导小组办公室行政级别，建议办公室主任由分管副省长或省委副秘书长兼任，以形成"省领导小组办公室牵头、其他成员单位为翼"的"雁型"协作推进格局。组建州（市）及县（市、区）扶贫协作领导小组。

2. 完善经济协作机制

把滇沪经济合作与深化云南改革紧密结合起来，学习上海作为改革开放排头兵在深化改革和扩大开放实践的宝贵经验，培育改革最前沿和沿边开放最前沿的发展新动能。基于包容性发展，以合作共赢为愿景，深刻领会国家东西部协作、服务"两个大局"政策内涵，加强经济协作。完善市场接入、资源整合、产融结合等机制。打通部门间协作通道，完善联席会议制度，定期协调解决合作过程中重大问题，推动成员单位协同配合。

3. 强化合作互动机制

完善部门联动机制，增强部门间合作政策的协调性、衔接配套性和有效性。明确制定长期经济合作战略协议，形成制度安排和长效机制。引进市场机制，促进滇沪产业深度融合、企业互动发展。

4. 创新社会参与机制

提升滇沪合作促进会平台功能，完善管理制度。以市场为导向，以产业为主线，以资产为纽带，吸引民营与社会资本，撬动社会参与，做大滇沪合作"蛋糕"。发挥滇沪企业联合会、企业家协会、商会、园区协会等经济组织、民主党派以及工商联、工青妇、科协等群团组织桥梁纽带作用。[1]

---

① 张体伟：《发达地区对口援藏与云南藏区提升自我发展能力研究》，中国社会科学出版社 2017 年版，第 86 页。

设立滇沪合作基金,发挥杠杆作用。

(二)健全省际利益共建共享机制

1. 打通引资渠道并完善招商机制

积极发挥上海金融中心和资本市场优势,创新云南招商模式,拓展金融招商、产业链招商、股权招商渠道,利用大型会展,设立各州市特色商品和招商洽谈区,全方位、宽领域、多层次推进滇沪经贸合作。构建招商引资协调机制,搭建招商引资平台,开展招商引资部门对口合作。

2. 探索园区共建利益共享机制

打造经济带园区联盟,促进产业园区共建。建立政府权力清单、责任清单和负面清单,清理阻碍滇沪合作要素合理流动的地方性政策法规,推动要素跨区域流动和优化配置。支持上海园区对口共建经开区、边(跨)合区、综保区和产业示范园,打造一批承接产业转移基地。广泛借鉴上海自贸区试点经验,向改革要动力,向开放要活力,向创新要潜力,探索共建沿边自贸区,尽快形成可复制可推广的沿边开放经验。按股权比例分配、利税总额等方式,研究建立跨省际产能合作、园区共建利益共享机制;探索"飞地经济"园区利益分配模式,借鉴上海与江苏共建园区 GDP 分成的利益共享模式,滇沪共建园区因设计创新产生的 GDP 计算到上海市,生产制造产生的 GDP 计算到云南省,逐步形成指标健全、权重合理、比例得当的分配体系。

(三)聚焦精准扶贫对口帮扶机制

1. 完善精准结对帮扶机制

贯彻落实宁夏会议习近平总书记重要讲话精神,建议在滇沪"8+4"框架下,将云南省 8 个重点扶贫协作州市的 50 个贫困县、4 个面上扶贫协作州市的 20 个贫困县实现精准扶贫协作全覆盖,不留"死角""空白点"。突出产业合作、劳务协作、人才支援、社会事业等精准帮扶重点,共同编制实施滇沪扶贫协作规划。利用大数据平台,鼓励上海企业、社会组织下沉帮扶重心，瞄准云南建档立卡贫困村、贫困户，精准对接，提高帮扶实效。

2. 健全扶贫协作资源配置机制

调整帮扶资金配置重点投向，建议上海市扶贫协作资金投向进一步聚焦制约贫困群众脱贫致富的短板领域，以产业扶贫为重点，把有限资金用于建档立卡贫困群众提升自身"造血"能力上。按照《中共中央办公厅 国务院办公厅印发〈关于创新机制 扎实推进农村扶贫开发工作的意见〉的通知》，即中办发〔2013〕25 号文和《国务院扶贫开发领导小组关于改革财政专项扶贫资金管理机制的意见》，即国开发〔2014〕9 号文的要求，建议上海方下放资金使用权限，按照省市级"管总量不管结构、管任务不管项目、管监管不管实施"的要求，将主导权还给云南方，促进扶贫协作资源配置与扶贫目标、任务、资金、权责"四到县"改革有机结合、与对接的贫困县脱贫摘帽时间有机结合。贯彻落实 2017 年中央一号文件关于"所有贫困县开展涉农资金整合"的文件精神，建立健全扶贫协作资源整合机制，推进扶贫协作资源配置规范化、配置精准化和使用专业化。

(四)提升自我发展内生动力机制

着力破解滇沪扶贫协作中"四症"难题，积极探索市场化机制。大力扶持发展新型农业经营主体，以产销连接为纽带，以服务连接为桥梁，以利益连接为核心，不断提高农民组织化程度。积极探索龙头企业与农户股份制、合作制等路径，结成利益共同体，形成"风险共担、利益共享"经营机制，提升帮扶地区"造血"功能和自我发展能力。滇沪扶贫协作通过"三动员、两培训、两着力"，激发底层参与内生动力机制。即对村"两委"班子、村小组长与村组党小组长、建档立卡贫困户及群众开展脱贫攻坚动员，提高脱贫攻坚参与能力。加强"两委"班子及村小组长、村组党小组长等中坚力量的培训，以及建档立卡贫困户思想观念、文化、法治观念、技能、感恩教育等内容的培训，激发"我要脱贫"的内生动力。完善"党建+扶贫"双推进机制，帮扶促进村委党总支、村组党支部建设，着力把村委党总支、村组党支部班子成员培养成为致富带头人，着力把种养殖大户、致富能手培养成为党员，压实责任，辐射带动贫困村、贫困户脱贫致富。发挥脱贫主体作用，激活群众参与机制，增强贫困村、贫困户对扶贫协作项目认同感、拥有感，改变"等、靠、要"的"贫血"依赖现象和"重建轻管"的"败血"现象，提升贫困人口素质和参与能力，形成精准脱贫的内生机制。

（五）建立健全配套完善政策支撑

1. 财政及投融资政策

恳请国务院扶贫办协调上海市比照援疆力度，加大对云南省援助资金投入保障力度，明确上海市每年援滇投入基数为上海市上一年地方公共财政预算收入的3‰以上。取消在滇县以下（含县）以及集中连片特困地区州市级配套资金。中央财政对滇沪共建产业园区予以适当支持。云南省给予"落户"的上海企业同等优惠税收政策。创新投资补助、资本金注入和价格激励等举措，加快推进PPP项目融资创新，撬动社会资本参与长江经济带及滇沪合作项目建设。共同争取国开行、国际金融机构贷款，共同争取中国—东盟投资合作基金、中国—东盟专项信贷资金向长江经济带及滇沪合作重点项目倾斜。共推设立长江经济带开发银行，鼓励设立滇沪经贸协作基金、股权投资基金、产业投资基金和创业投资基金。创建经济带要素交易中心，加快林权、矿权等交易平台建设，形成综合性产权交易中心。健全投资跟踪协调服务机制，推进滇沪投融资合作。支持符合条件的滇企上市融资。探索设立政府性创新再担保基金，为经滇出口或进口大宗资源类产品提供担保服务。

2. 产业政策

探索建立承接产业转移政策，借鉴负面清单模式，对引进且符合云南产业政策、对当地经济发展带动作用强的产业项目，在项目审批、核准、备案等方面给予支持。采取政策引导、园区共建、资金支持、舆论鼓励等举措,帮助沪企到滇发展,通过企业合作推动产业转移、产能合作。对到贫困地区投资兴业、参与脱贫攻坚的企业,云南省应制定相关财税、金融等优惠政策;对协作共建产业园区,尽快研究出台区域产值、税收分成、环保容量调剂补偿、新增建设用地土地指标跨区域调剂使用等政策。支持共建能源、冶金、机电、建材、化工、医药、食品等国际产能合作基地,支持共建产业转移园区和进出口加工区,鼓励滇沪企业合作到周边国家投资办厂,加快与周边国家产业对接。

3. 土地政策

对滇沪合作重大项目给予新增建设用地计划指标预留,优先安排共建的产业园区、进出口加工基地、物流中转场、商品集散中心、展示中心、要素市场等设施用地。对可挖潜的存量建设用地,制定相应的开发利用政策,对引进的上海企业给予同等的建设用地扶持。探索土地利用总体规划与年度计划相协调的调控机制,为滇沪产能合作提供用地保障。

4. 生态环保政策

筑牢长江经济带绿色廊道生态安全屏障,建立生态环境硬约束机制,对列为重点生态功能区、限制开发区实行严格的产业准入负面清单管理制度。争取中央财政加大对经济带重点生态功能区均衡性转移支付力度。积极争取国家长江经济带生态补偿政策,探索建立上下游开发地区、受益地区与生态保护地区之间横向生态补偿机制。探索建立跨省际生态补偿区域合作机制和转移支付制度,开展流域横向生态补偿试点。完善排污权交易制度,探索流域污染双向补偿制度。滇沪双方探索建立用能权、用水权、排污权、碳排放权初始分配制度,建议上海市每年从市级财政收入的 0.5% 左右,通过转移支付、项目支持和专项补助等方式,支持云南省建设长江经济带生态安全屏障。

5. 人才政策

推进滇沪智库交流合作,共同打造长江经济带新型智库联盟,推进滇沪深度合作。加大部门、企业、干部双向挂职、任职力度。建立大型专业人才服务平台,健全人才交流互动机制,设立人才专项奖励基金,促进人才双向交流。创新人才培养模式,加大青年技能人才培养力度。争取上海重点院校、科研院所、大型企业选派人才参与云南经济建设。依托"高素质教育人才培养工程""全民健康卫生人才保障工程""专业技术人才知识更新工程"等国家重大工程,支持各类人才队伍建设。降低门槛,到沪挂职干部可由处级向科级,甚至村"两委"干部延伸。加强金融、智能电网、生物医学、产业与环保节能技术等重点领域急需紧缺人才、高端人才引进和少数民族人才培训力度。落实个人所得税减免、薪酬补贴等优惠政策,吸引上海高层次紧缺人才赴滇创业创新,引育高端人才,打造国际化人才高地。

第一章 融入长江经济带战略背景下滇沪区域合作的发展历程和现状

滇沪合作开始于 1996 年的"滇沪对口帮扶与经济社会协作",这是一个多层次、多形式、多内容的对口支援和经济社会协作相结合的活动,至今已经 21 年。该活动在"十二五"以前以"对口援助和帮扶"为主,"十二五"以来在继续做好"对口援助和帮扶"的同时,滇沪之间不断加深了区域经济、社会、文化等多方面的合作,滇沪合作得到深化。

第一节 滇沪合作 20 年的主要历程[①]

20 年来,滇沪对口帮扶和区域合作与全国东西部协作的发展历程基本一致,主要分为以下四个阶段:

一、第一阶段:以扶贫开发为主的滇沪合作探索阶段（1996—2000 年）

1997 年,通过上海和云南两省市领导和相关部门的协商和深入调查,两省市领导共同签署了《上海—云南对口帮扶与经济社会协作"九五"计划纲要》。明确了对口帮扶的指导方针:按照"开发式"扶贫和"优势互补、互惠互利、共同发展"的指导方针,依靠市场机制和政府推

---

① 本部分资料和数据,除了注明出处的以外,均根据云南省扶贫办提供的内部资料和年度总结整理得来。

动、贯彻经济效益和社会效益并重、硬件建设与软件建设并举、对口帮扶与经济建设相结合、重点帮扶与面上帮扶相结合、近期帮扶与长期合作相结合的方针，携手并进，探索扶贫新模式，开创协作新局面。确定了两个帮扶重点：由上海市重点帮扶思茅（后更名为普洱）、红河、文山3州市23个贫困县，帮助当地尽快解决贫困人口的温饱问题；以昆明、玉溪、曲靖为经济协作重点区域，带动滇沪全面合作，促进经济共同繁荣。提出了对口帮扶和区域合作的三大目标：一是对口帮扶目标，遵循"翌年基本解决温饱，两年巩固三年发展"的基本思路，帮助当地政府到1999年基本解决3个州市245万贫困人口的温饱问题，提前1年完成扶贫攻坚任务；二是经济协作目标，共同培育云南的支柱产业，形成一批拳头产品，促进云南产业结构升级，增强重点行业的经济协作，提升云南经济实力；三是社会发展合作目标，进一步加强科技、教育、文化、卫生等方面的合作与交流。[①] 这一阶段对口帮扶的主要内容包括：贫困救助、农民增收、示范带动、人力资源开发、社会发展和经济协作等，但是以扶贫开发为重点。

截止到2000年年末，上海市共计实施援助项目1758项，投入无偿援助资金2.82亿元，捐赠衣被5636件，建设温饱示范村401个，"安居+温饱"型试点村56个，援建希望小学182所、一村一小404个、卫生所449个，资助云南失学儿童1.33万名，选派挂职干部、联络员30名，支教教师60名，青年志愿者92名，培训各类人才12173人次，优先安排到上海务工5000人次。截止到2000年年末。3个州市的贫困人口从1995年的236万人减少到148.5万人。[②]

---

①　王静、于法稳：《温饱试点村：增强社区发展能力的突破口——上海—云南对口帮扶协作的调查报告》，载《社会扶贫中的政府行为调查报告》，中国经济出版社2001年版，第176—196页。

②　上海市对口云南帮扶协作领导小组办公室编：《上海对口云南帮扶协作工作资料汇编（1996年1月—2000年12月)》。

二、第二阶段：扶贫开发与经济合作并重的滇沪合作拓展阶段（2001—2005 年）

2000 年年末，云南省贫困标准在原来的绝对贫困标准基础上增加了一个低收入贫困标准，提高了贫困标准。当年，按照低收入贫困标准 865 元，全国农村贫困人口有 9422 万人，贫困发生率 10.2%，其中农民人均纯收入在 625 元以下的绝对贫困人口为 3209 万人，贫困发生率为 3.4%；农民人均纯收入为 625—865 元低收入人口有 6213 万人。2001 年，云南省制定并颁布实施《云南省农村扶贫开发纲要（2001—2010）》，"十年纲要"对今后 10 年云南省的扶贫做了总体规划。2002 年，根据《云南省农村扶贫开发纲要（2001—2010）》的目标和政策措施，上海与云南签订了《上海—云南对口帮扶与全面合作"十五"纲要》。确定了"十五"期间对口帮扶的目标是：围绕全面建设小康社会的战略目标，以对口帮扶重点区域的贫困村和贫困人口为对象，解决和巩固贫困群众温饱，改善贫困人口生产生活条件与增加贫困人口经济收入、提高贫困人口素质。与此同时，不断扩大上海与云南经济合作的广度和深度，促进上海社会各界与云南的全方位合作。对口帮扶和区域合作重点：从"以对口帮扶为主"，逐步转向了对口帮扶与经济合作并重，逐步形成了一套以教育帮扶、科技帮扶、小额信贷、劳务进沪、重点项目帮扶、社会捐赠为重点的帮扶解困体系，以及全面纵深方向的经济合作战略。对口帮扶和区域合作模式：重点推进了整村推进、产业培育、人力资源开发、小额信贷、教育帮扶、卫生帮扶等。对口帮扶和区域合作的措施：资金逐年增加，实施的范围在原来 3 个州市的基础上增加了迪庆州的 3 个国家重点扶持县。

2001—2005 年，滇沪对口帮扶和区域合作项目，上海共投入资金 4.76 亿多元，实施了整村推进为主的对口帮扶项目 2500 个。支持帮助云南贫困地区基础设施建设，滚动发放小额信贷资金 0.83 亿元，使

23 个县 71 个乡镇 29 万多人受惠。大力支持云南贫困地区社会事业发展，投入资金 1 亿多元建立希望学校、光彩学校 146 所；投资 0.28 亿元在 4 个州市建立疾病防治中心和乡、村卫生所 264 个，帮助云南培训教师近 3 万人次。积极帮助云南转移富余劳动力，5 年间直接向上海输出劳务人员 9900 人次。① 经过发达地区和西部民族地区各省区市的共同努力，在这一阶段，滇沪对口帮扶与区域合作的领域更宽、层次更深，着眼也更长远，对口帮扶在缓解贫困、培育和发展支柱产业、提高劳动者素质等方面成效显著。

三、第三阶段：对口帮扶向对口合作转变的滇沪合作深化阶段（2006—2010 年）

滇沪帮扶合作与建设社会主义新农村、构建社会主义和谐社会有机结合。在帮扶目标、任务和政策措施等方面，根据中央对扶贫和对东西部对口帮扶的新要求以及云南省扶贫开发中的新问题、新举措进行相应的调整和完善。滇沪对口帮扶与经济社会合作遵循有思路、有规划、有机制、有创新、有成效的"五有"机制，按照"民生为本、产业为重、发展为先"的原则，不断推进并取得长足发展。两省市对口帮扶合作工作机制不断深化，帮扶范围不断拓宽，在原确定上海 14 个区两家大企业对口支援红河、文山、普洱、迪庆 4 个州市 26 个贫困县的基础上，启动了上海对口帮扶云南人口较少民族的帮扶工作，双方组织、工业、民委、农业、卫生、科技、教育、人事、建设、环保、文化、民政、旅游、工商联、团委、妇联和科协等近 20 个部门建立对口合作关系。

2006—2010 年的 5 年间，共投入对口帮扶资金 11.02 亿元，比"十五"期间增加了 1.32 倍，年均投入达到了 2 亿多元。实施以整村推进为主的帮扶项目 1017 项，实施教育、卫生、文化等各类社会事业帮扶项

---

① 云南省人民政府扶贫开发领导小组办公室、《云南省扶贫开发志》编纂委员会：《云南省扶贫开发志（1984—2005）》，云南民族出版社 2007 年版，第 133 页。

目 1600 多项,使云南省 40 余万贫困人口实现脱贫,150 余万群众受益,双方企事业单位实施科技、经贸合作项目数百项。①

四、第四阶段:新时期精准扶贫与区域开发相结合的滇沪全面合作阶段(2011—2020 年)

2011 年,按照新的扶贫标准农民人均纯收入 2300 元(约合 355.6 美元),云南省的贫困人口增加到 1014 万人,比 2010 年农民人均纯收入 1274 元以下的贫困标准人数增加了 2 倍多,贫困发生率达到了 27.1%。2011 年,云南省制定并颁布实施《云南省农村扶贫开发纲要(2011—2020)》(以下简称"新纲要"),根据中央的安排,云南省把乌蒙山区、滇桂黔石漠化云南片区、滇西边境山区、藏区等四个集中连片困难地区作为扶贫开发重点,加大扶贫开发力度,对集中连片困难地区扶贫攻坚作出明确安排。新纲要确定的新 10 年云南农村扶贫开发总体目标是:到 2020 年,稳定实现扶贫对象"两不愁、三保障",就是不愁吃、不愁穿,保障其义务教育、基本医疗和住房。新纲要还确定了扶贫开发以连片特困地区作为主战场,以连片开发扶贫模式为重点进行。2013 年,新一届党中央明确提出实施"精准扶贫"战略,强调"扶贫开发贵在精准,重在精准,成败之举在于精准",云南省委、省人民政府高度重视精准扶贫和精准脱贫工作,通过建档立卡精准识别、精准帮扶和精准管理,引导各类资源优化配置,实现扶贫到村到户,初步建立起了精准扶贫工作的长效机制。新时期新的国家扶贫战略和政策体系正在初步构建,对今后扶贫战略的任务、重点、步骤和措施都重新予以明确,并进一步完善政策体系,云南省的扶贫开发工作进入一个新阶段。

新时期,滇沪对口帮扶与区域合作也取得了突破性的进展。2011—2015 年,根据新纲要和中央扶贫工作会议精神,按照"区域发展

---

① 资料来源:根据云南省扶贫办提供的相关资料整理。

带动扶贫开发、扶贫开发促进区域发展"的基本思路,滇沪双方坚持以集中连片特困地区为帮扶合作主战场,着力探索多元化产业帮扶新路径,深化民生领域及人力资源开发合作,引导和加强两地经济合作,持续推动各领域、各层面的对口帮扶和区域合作。滇沪合作路径选择更加科学,对文山、红河、普洱、迪庆等4个州市26个重点县、昭通市及德昂族、独龙族的帮扶合作,与国家、云南省推进集中连片特困地区扶贫攻坚战略及相关片区发展规划相结合,着力实施精准扶贫、精准脱贫;教育、卫生、科技、文化、民政、侨务等领域合作不断深化,人才培训和智力扶贫更富实效。2013年,上海和云南两省市党委、政府领导人签署了《上海市人民政府 云南省人民政府关于加强滇沪对口帮扶合作携手参与中国面向西南开放重要桥头堡建设的合作协议》,吸引了更多上海企业入滇发展,合作参与我国面向西南开放重要桥头堡建设。2015年4月,为了深入贯彻落实习近平总书记系列重要讲话精神和在云南视察工作时的重要指示精神,主动融入"一带一路"倡议和长江经济带战略,充分发挥滇沪对口帮扶和区域合作机制平台功能,全面提升滇沪对口帮扶和区域合作工作,签订了《关于加强滇沪对口帮扶与重点领域合作框架协议》。

2011—2015年的5年间,上海市累计投入各类帮扶资金15.37亿元,实施帮扶项目1609项,项目覆盖云南的滇西边境山区、乌蒙山片区、石漠化地区和迪庆藏区30多个县;滇沪经济合作成效显著,实施项目约535项,实际到位项目资金392亿元。

2016年9月,根据中办、国办印发的《关于进一步加强东西部扶贫协作工作的指导意见》的要求,滇沪对口帮扶和区域协作必须纳入东西部扶贫协作总目标、总框架,所有援助项目和资金纳入云南省脱贫攻坚任务。滇沪对口帮扶和区域协作要按照"突出重点、强化统筹、面上平衡、点上使力"原则,实现上海市相关区与云南省现有少数民族自治州全面结对,与云南省所有国家重点扶贫开发县扶贫协作全覆盖,与云南重点扶贫协作州市贫困县开展"携手奔小康行动",做到结对到州、覆盖到县。因此,上海与云南各州市按照重点扶贫协作和面上扶贫协作两种类型调整结对关系,即上海市 14 个区与云南省迪庆、文山、红河、大理、楚雄、德宏和西双版纳州等 7 个少数民族自治州和普洱市结对开展重点扶贫协作;对云南省曲靖、临沧、丽江和保山 4 个地级市实行面上扶贫协作。2016 年至 2020 年,滇沪对口帮扶和区域合作的区域扩展到了 12 个州市,重点帮扶 56 个国家重点扶持县,对口帮扶和区域合作在深度和广度上都将进一步深化和拓展。

综上所述,20 年来,滇沪对口帮扶与区域合作的实践表明,加快滇沪对口帮扶与区域合作,为上海市和云南省都带来了新的机遇:一是开拓了市场,扩大了内需。滇沪对口帮扶与区域合作充分发挥了两地的比较优势,加快了云南省脱贫攻坚的步伐,提高云南省的经济发展水平,促云南省农民增产、增收,创造了新的需求,开拓了新的市场。二是上海市作为率先对外开放的地区,这些年来急需化解劳动力成本、土地价格上涨的压力,一些产品、产业逐步向中西部梯度转移是一个客观趋势,滇沪对口帮扶与区域合作为产业梯度转移提供了有力的条件和难得的机遇。因此,滇沪对口帮扶与区域合作不断推向一个新的发展阶段,加快从政府行为、从一般性的无偿捐助向动员社会各方面、向各个领域尤其是经济技术领域的合作扩展,不仅是必要的,也是必须的。滇沪对口帮扶与合作的实践表明:这是一条逐步缩小东西部差距,达到优势互补、共同发展的重要途径,是我国实现扶贫攻坚规划目标的一项重要战略举措。引导区域经济协调发展,加强东西部地区互助合作,帮助贫困地区尽快解决群众温饱问题,逐步缩小地区之间的差距,是改革和发展的一项战略任务。滇沪对口帮扶与区域合作对于推动地区间的优势互补,推进社会生产力的解放和发展,加快贫困地区脱贫致富步伐,实现共同富裕,增强民族团结,维护国家的长治久安,都具有重要的意义。

第二节 滇沪合作区域变化情况

一、1996—2016 年重点对口帮扶情况

1996 年 9 月,国务院扶贫领导小组确定了上海市对口帮扶云南省,经过两省市领导多次商议,上海市选择了文山、红河、思茅(后更名为普洱)3 个州市及所辖的 23 个县作为重点帮扶对象。2004 年,又增加了迪庆州 3 个县作为对口帮扶对象,详见表 1-1。此后到 2016 年,这 4 个州市 26 个县都是滇沪对口帮扶和区域协作的重点区域。

表 1-1 上海对口帮扶的 4 个州市 26 个县的分布情况

州市	所辖县市区数	帮扶时间	上海市帮扶区县	对口帮扶云南省的县市	其中:民族自治县	边境县数
普洱市	10	1996—2016 年	金山、黄浦、杨浦、崇明	澜沧、孟连、景东、镇沅、墨江、西盟、江城和宁洱等 8 个县	8 个县	澜沧、孟连、西盟、江城
红河州	13		徐汇、青浦、长宁	元阳、绿春、金平、屏边、红河、泸西、石屏等 7 个重点扶持县	金平、屏边	绿春、金平
文山州	8		闸北、虹口、浦东、松江	文山、砚山、西畴、麻栗坡、马关、丘北、广南、富宁等 8 个县		麻栗坡、马关、富宁
迪庆州	3	2004—2016 年	闵行、嘉定、宝山	香格里拉、维西、德钦等 3 个县	维西	
合计	34		14 个区	26 个重点扶持县	11 个县	9 个县

上海市对口帮扶的 4 个州市 26 个县,有 3 个是民族自治州,普洱市对口帮扶的 8 个重点扶持县全部都是民族自治县;文山州是属于沿边州,普洱市和红河州对口帮扶的 15 个县中有 6 个县是边境县,全省 25 个边境县中对口帮扶的有 9 个县,是少数民族聚居的地区,也是云南的边境地区,贫困人口多,贫困程度深,民族贫困和边境贫困突出。1997 年,对口帮扶的 23 个县,按照云南省农民人均纯收入 560 元以下

的绝对贫困人口有 121.47 万人,占全省贫困人口总数的 18%,占贫困县贫困人口总数的 21.15%。2004 年,增加了迪庆州 3 个县后,按照 2003 年云南省各县市区贫困人口和贫困发生率,对口帮扶的 26 个县在农民人均纯收入 882 元以下的贫困人口总数达到 335.28 万人,其中农民人均纯收入 637 元以下的绝对贫困人口有 100.5 万人,贫困发生率和绝对贫困人口发生率分别是 37.2% 和 16.39%,分别比云南省的水平高出 26.44 个百分点和 10.38 个百分点。其中,文山州、红河州对口帮扶的 15 个重点县属于滇东南岩溶干旱贫困区,迪庆州是藏区,属于滇西北高寒冷凉型贫困区,都是生存环境恶劣、自然灾害多发的地区。

2005 年开始,滇沪对口帮扶和区域合作启动了对口帮扶云南人口较少民族的帮扶工作,先后对云南普洱市的普洱市镇沅苦聪人、德宏州德昂族、怒江州独龙江乡的独龙族等特困群体实施了重点帮扶。

2012 年,根据新纲要实施扶贫到户与片区扶贫相结合的要求,新增的云南乌蒙山片区纳入滇沪对口帮扶合作区域,编制了以县为主体的产业帮扶连片开发专项规划,对乌蒙山片区州(市)、县农特产业发展、经济合作、干部交流、人才培训、劳动力转移及支医、支教、志愿者服务等方面予以重点支持,走在了东部地区率先参与国家实施片区扶贫开发的前列。2013—2015 年结合云南省实施"镇彝威革命老区脱贫攻坚规划",重点帮扶昭通市彝良、威信等县。但从帮扶力度和帮扶深度看,滇沪对口帮扶仍然以 4 个州市 26 个县为重点。

二、2011 年以来增列两个经济合作重点州市

2011 年以来,为推进企业合作,滇沪在上海举办了"握手桥头堡、共享大通道——2011 云南上海投资洽谈推介会",云南省顾朝曦副省长、上海市姜平副市长出席了会议。推出重点合作项目 74 项,宣传了云南桥头堡建设,上海一批企业和社会各界 200 多人参加了会议。各对口部门积极发挥纽带和桥梁作用,引导两地企业合作拓展生物资源

加工、农业产业化、文化旅游、金融、物流、信息化等领域的合作,组织两省市企业进行洽谈签约,合作举办金融论坛。在上海云南两省市座谈交流暨对口帮扶合作第十三次联席会期间,成功促成了上海城建集团隧道股份有限公司、上海家化集团、上海浦东发展银行、上海文化产权交易股份有限公司、上海电影集团等一批上海大企业与云南的合作。为推动两地积极参与中国面向西南开放桥头堡建设,会议增列了西双版纳州和保山市为滇沪对口帮扶经济合作重点州市。

三、2016 年滇沪帮扶合作州市全面调整[①]

2016 年 9 月,在《关于深化上海市参与东西部扶贫协作工作完善结对关系的工作方案》中,上海与云南各州市按照重点扶贫协作和面上扶贫协作两种类型调整了结对关系。具体如下:

(一)重点扶贫协作(8 个州市)

上海市 14 个区与云南省 7 个少数民族自治州和 1 个地级市结对开展重点扶贫协作。其中:延续与迪庆、文山、红河 3 个自治州的结对关系不变,保留与普洱市结对关系;新增大理、楚雄、德宏 3 个自治州为结对关系;提升西双版纳州"重点经济合作"关系为结对关系(见表 1-2)。

表 1-2　2016 年上海重点扶贫协作云南 8 个州市 50 个贫困县的分布情况

上海市帮扶区	对口帮扶云南州市	所辖县市区数	对口帮扶贫困县(市)	其　中:	
				民族自治县	边境县
金山、黄浦	普洱市	10	澜沧、孟连、景东、镇沅、墨江、西盟、江城、宁洱等 8 个县	8 个县	澜沧、孟连、西盟、江城
徐汇、长宁	红河州	13	元阳、绿春、金平、屏边、红河、泸西、石屏等 7 个县	金平、屏边	绿春、金平
静安、虹口	文山州	8	文山、砚山、西畴、麻栗坡、马关、丘北、广南、富宁等 8 个国家扶贫开发重点县、片区县		麻栗坡、马关、富宁

① 本部分内容引自上海市政府合作交流办:《关于深化本市参与东西部扶贫协作工作完善结对关系的工作方案》(打印稿),2016 年 9 月 23 日。

续表

上海市帮扶区	对口帮扶云南州市	所辖县市区数	对口帮扶贫困县（市）	其中：	
				民族自治县	边境县
闵行、嘉定、宝山	迪庆州	3	香格里拉、维西、德钦等3个县	维西	
浦东、崇明	大理州	12	漾濞、祥云、宾川、弥渡、南涧、巍山、永平、云龙、洱源、剑川、鹤庆等11个县	漾濞、南涧、巍山	
嘉定、杨浦	楚雄州	8	双柏、南华、姚安、大姚、永仁、武定、牟定等7个县		
青浦	德宏州	5	芒市、梁河、盈江、陇川等4个县		芒市、梁河、盈江、陇川
松江	西双版纳州	3	勐海、勐腊等2个县		勐海、勐腊
14个区	8个州、市	62	50个片区贫困县，其中42个国家扶贫开发重点县、4个省级扶贫开发重点县	14个县	15个县市

（二）面上扶贫协作（4个市）

对云南省曲靖、临沧、丽江和保山4个地级市，以企业为主体与其结对，帮助上述4个地级市所属14个国家重点扶贫开发县完成脱贫攻坚任务。其中，将保山市原有的"重点经济合作"关系延续为"面上扶贫协作"关系；将曲靖市、临沧市、丽江市新增为"面上扶贫协作"关系。

调整后，滇沪结对关系从原有的"4+2"（4个帮扶结对州市，2个重点经济合作州市），转变为"8+4"（8个重点扶贫协作关系，4个面上扶贫协作关系）。除中央统一安排广东省结对的昭通市、怒江傈僳族自治州，以及云南省提出不需帮扶的昆明市、玉溪市以外，上海市对云南各州市实现扶贫协作全结对，对8个重点扶贫协作州市和4个面上扶贫协作市的56个国家重点扶贫开发县实现扶贫协作全覆盖。2017年开始，滇沪对口帮扶和区域合作将根据新的区域和方案进行实施。

第三节　取得的主要成效

1996—2015年的20年间，上海市在云南省累计投入帮扶资金

38.1亿元,实施整村推进、新纲要示范村、产业发展、特困群体帮扶、社会事业、人力资源培训等重点帮扶项目8000项,覆盖全省滇西边境山区、乌蒙山片区、石漠化地区和迪庆藏区的30多个贫困县。经过21年的对口帮扶和区域合作,上海市创造了具有云南特点的帮扶模式,对口帮扶取得显著成效,贫困人口数量明显减少,贫困地区整体经济水平明显提高,解决了云南60多万贫困人口的基本温饱问题,150多万群众受益,有效促进了云南经济发展、政治稳定、民族团结、边疆巩固与社会和谐。

一、资金投入力度加大,精准脱贫效果显著

1996—2000年,上海对云南无偿援助资金共计2.82亿元。从图1-1可知,2001—2016年的16年间,上海市对云南省投入的无偿援助资金,呈曲折上升趋势,2004年以后年均投入均在1亿元以上,到2010年达到了2.53亿元。2011—2016年,据不完全统计,上海市共投入各类帮扶资金21.25亿元,占21年总投资的57.08%;每年的帮扶资金始终在3亿元左右,均超过了1996—2000年5年累计投入资金的总和,最高的2015年达到5.3149亿元(含2.2亿元捐赠款),滇沪帮扶资金年均增长4.84%。

(单位:亿元)

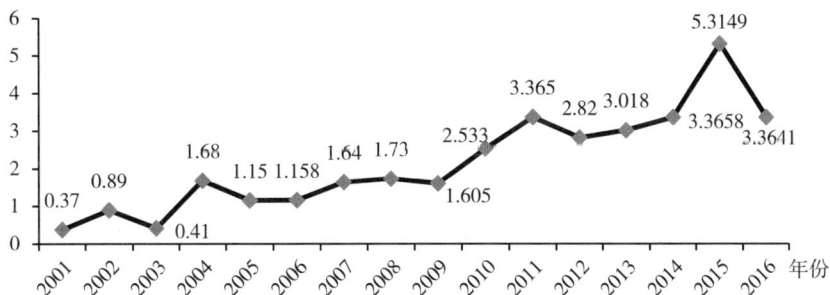

图1-1 2001—2016年滇沪对口帮扶实际到位资金情况

资料来源:根据云南省扶贫办相关资料和年度总结整理。

此外,1996—2015 年,在滇沪经济合作中,累计实施经济合作项目 2000 个,实际到位项目资金 646 亿元;在社会捐赠上,上海市积极动员各界累计向云南省捐资 3.39 亿元、救灾衣被 5818.4 万件(床)、大米 300 吨、书 30 万册,救济灾民、贫困群众 1200 多万人次。相关部门充分发挥优势,积极动员上海市各界社会力量参与云南扶贫开发。两省市少工委联合开展了"报刊赠送"和"滇沪手拉手、快乐过暑假"活动,捐赠杂志书刊千余份。

经过 21 年的滇沪对口帮扶,帮扶的 4 个州市 26 个县贫困人口数量明显减少,占全省贫困人口的比重持续下降,贫困发生率与全省的差距持续缩小。26 个县的农村贫困人口按照 560 元以下的贫困标准,从 1997 年的 121.47 万人下降到了 2000 年的 47.53 万人,贫困人口占全省和贫困县贫困人口总数的比重分别从 1997 年的 18%、21.15%下降到了 2000 年的 15%、19%。2000 年,国家提高了贫困标准,绝对贫困标准和低收入标准分别是农民年人均纯收入 625 元和 865 元,26 个县的贫困人口从 2002 年年底的 335.28 万人下降到 2010 年年底的 90.11 万人,减少了 245.17 万人,贫困发生率由 56.53%下降到 13.8%。其中,深度贫困人口(即绝对贫困人口)从 100.5 万人下降到 52.19 万人,减少了 48.31 万人;绝对贫困发生率从 18.6%下降到 8.6%。2011 年,国家又提高贫困标准为农民年人均纯收入 2300 元,26 个县的贫困人口从 2011 年年末的 278.09 万人下降到 2015 年年末的 125.40 万人,减少了 152.69 万人,贫困发生率由 45.25%下降到 19.31%,下降了 25.94 个百分点,减贫率达到 54.91%,详见表 1-3、表 1-4、图 1-2。

表 1-3　1997—2015 年上海对口帮扶 26 个县贫困人口变化

年份	云南省(万人)			对口帮扶 26 个县(万人)			占全省贫困人口的比重(%)		
	贫困人口	低收入人口	绝对贫困人口	贫困人口	低收入人口	绝对贫困人口	贫困人口	低收入人口	绝对贫困人口
1997	574.40		574.40	121.47		121.47	18.02		18.02
1998	444.60		444.60	100.44		100.44	19.73		19.73

续表

年份	云南省（万人）			对口帮扶26个县（万人）			占全省贫困人口的比重（%）		
	贫困人口	低收入人口	绝对贫困人口	贫困人口	低收入人口	绝对贫困人口	贫困人口	低收入人口	绝对贫困人口
1999	280.39		280.39	69.48		69.48	20.95		20.95
2000	249.50		249.50	47.53		47.53	14.94		14.94
2002	887.60	583.60	304.00	335.28	234.78	100.5	37.77	40.23	33.06
2003	820.30	544.90	275.4	305.77	215.36	90.41	37.28	39.52	32.83
2005	737.80	489.40	248.4	208.99	125.87	83.12	28.33	25.72	33.46
2006	670.80	442.40	228.4	188.65	113.77	74.88	28.12	25.72	32.79
2007	597.00	196.50	400.50	170.62	104.94	65.68	28.58	53.40	16.40
2008	555.00	394.80	160.20	153.82	101.63	52.19	27.72	25.74	32.58
2009	540.00		160.20	150.16			27.81		
2010	320.00		160.00	90.11			28.16		
2011	1014.00		160.20	278.09			27.43		
2012	804.00			215.83			26.84		
2013	661.00		120.00	172.88			26.15		
2014	574.00			151.86			26.46		
2015	471.00			125.40			26.62		

数据来源：根据国家统计局云南调查总队各年度《云南省州市县及分类农村贫困监测情况表》和《云南领导干部手册》相关数据计算，下表同；2011年按照新的贫困标准2300元。

表1-4　2002—2015年上海对口帮扶26个县贫困发生率变化

年份	贫困发生率（%）						相对差距（%）		
	云南省			对口帮扶26个县			贫困人口	绝对贫困人口	低收入人口
	贫困人口	绝对贫困人口	低收入人口	贫困人口	绝对贫困人口	低收入人口			
2002	30.09	8.20	21.89	56.53	18.58	37.95	26.44	10.38	16.06
2003	26.89	7.32	19.57	37.20	16.39	34.51	10.31	9.07	14.94
2005	20.68	6.96	13.72	34.53	14.26	20.27	13.85	7.30	6.55
2006	18.67	6.36	12.31	30.88	12.43	18.45	12.21	6.08	6.14
2007	16.5	5.4	11.1	27.7	10.8	16.9	11.24	5.40	5.83
2008	15.3	4.4	10.9	24.9	8.6	16.2	9.53	4.22	5.31
2009	14.9			24.3			9.33		
2010	8.6			13.8			5.20		

续表

年份	贫困发生率(%)						相对差距(%)		
	云南省			对口帮扶26个县					
	贫困人口	绝对贫困人口	低收入人口	贫困人口	绝对贫困人口	低收入人口	贫困人口	绝对贫困人口	低收入人口
2011	27.1			45.25			18.15		
2012	21.7			33.76			12.06		
2013	17.7			26.20			8.46		
2014	15.49			23.41			7.92		
2015	12.71			19.31			6.60		

数据来源:根据国家统计局云南调查总队各年度《云南省州市县及分类农村贫困监测情况表》和《云南领导干部手册》相关数据计算。

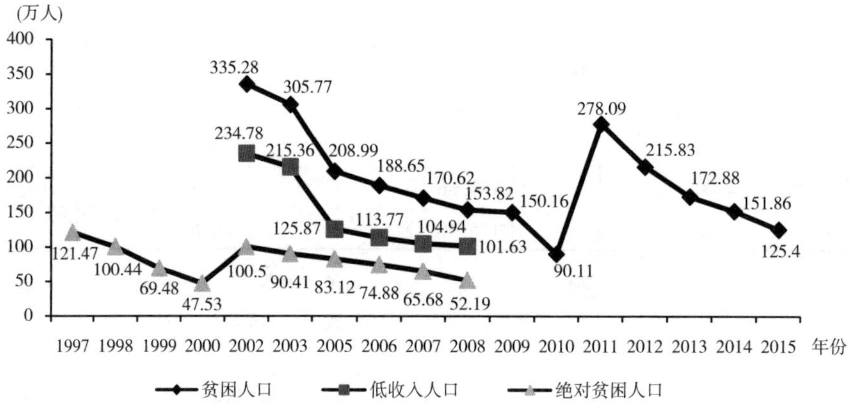

图1-2 1997—2015年上海市对口帮扶云南26个县贫困人口变化趋势

注:2008年以后不再分低收入贫困人口和绝对贫困人口进行统计,2009年把年末农民人均纯收入785元以下的贫困人口由原来的绝对贫困人口改称为深度贫困人口进行统计。2011年贫困标准上调为农民年人均纯收入2300元。

数据来源:根据国家统计局云南调查总队各年度《云南省州市县及分类农村贫困监测情况表》和《云南领导干部手册》相关数据计算。

从数据分析可知,上海对口帮扶对云南26个贫困县的减贫效益非常明显,在云南省贫困人口逐步向边境地区、民族地区,向深山区、石山区、高寒山区、干热河谷地区、革命老区、原战区集中的同时,实现了26个贫困县的贫困人口、贫困发生率和绝对贫困发生率快速下降,贫困发生率和绝对贫困发生率与云南省的相对差距逐渐缩小,分别从2002年的 26.44 和 10.38 个百分点缩小到了 2008 年的 9.53 和 4.22 个百分点；2011 年发布新贫困标准后，贫困发生率与云南省的相对差距从 2011 年的 18.15 个百分点缩小到 2015 年 6.60 个百分点。但是，贫困人口占全省贫困人口总数的比重呈先下降又回升的趋势，从 2002 年的 37.77% 下降到了 2013 年的 26.15%，2014 年开始出现上升，2014 年、2015 年分别达到了 26.46% 和 26.62%，这个趋势显示出，随着精准扶贫精准脱贫的实施，26 个贫困县的贫困人口在 2011—2013 年间出现了大幅度下降，下降幅度高于全省平均水平，但是 2014 年以来，26 个县余下的贫困人口贫困程度深、减贫难度越来越大，减贫幅度小于全省平均水平。

二、合作拓展创新，帮扶地区步入跨越轨道

滇沪对口帮扶投入的无偿援助资金主要实施了以解决贫困人口温饱、改善贫困地区生产生活条件为主的扶贫开发。1996 年以来，上海市与云南省制定了"九五""十五""十一五"和"十二五"的对口帮扶工作计划，确定了以"脱贫、安居、发展"为重点，循序渐近地实施"温饱、健康、智力、增收"四大工程，逐步改善和提高贫困农户的基本生活、基本生产、基本教育和基本医疗条件，以实现"对口帮扶""经济协作"和"社会发展"三大目标。上海市对云南省投入的无偿援助资金帮扶领域不断拓展、帮扶方式不断创新，实施了以整村推进为主，产业发展、特困群体帮扶、人力资源培训和劳务输出与发展教育、卫生等社会事业等相结合的重点帮扶项目 8160 多项，帮扶了农田、水利、交通、电网、安居房、学校、卫生院(室)等基础设施建设、支柱产业发展、人力资源培训、劳务输出等多个领域，覆盖了全省滇西边境山区、乌蒙山片区、石漠化地区和迪庆藏区，成功创造了以整村推进为主，产业扶贫与劳务输出、易地搬迁相结合的帮扶模式，有效探索了经济扶贫与教育、卫生、人力素质提升等多领域帮扶同步推进的扶贫方式，实现了贫困人口增收、自我发展能力提升、贫困地区跨越发展的"三赢"，有效促进了帮扶地区

经济发展、政治稳定、民族团结、边疆巩固与社会和谐。

1996—2015 年来,滇沪对口帮扶分时期、分类别的帮扶情况详见表 1-5、图 1-3。

表 1-5　滇沪对口帮扶 1996—2015 年帮扶资金构成和社会捐赠情况

时间 \ 类别	资金计划数(亿元)	实际到位资金数(亿元)	到位资金构成(亿元)			社会捐赠	
			整村推进资金	产业资金	社会资金	捐款(亿元)	捐衣被(万件)
"九五"时期	—	2.82	0.53	—	2.28	0.07	2466.95
"十五"时期	3.29	4.76	2.81	0.25	1.70	0.23	1334.5
"十一五"时期	7.235	11.02	6.63	1.04	3.35	0.6	1998.45
"十二五"时期	13.91	15.37	9.56	2.5	2.8	2.32	—
合计	24.435	33.97	19.53	3.79	10.13	3.22	5799.9

资料来源:根据云南省扶贫办相关资料整理,是不完全统计。

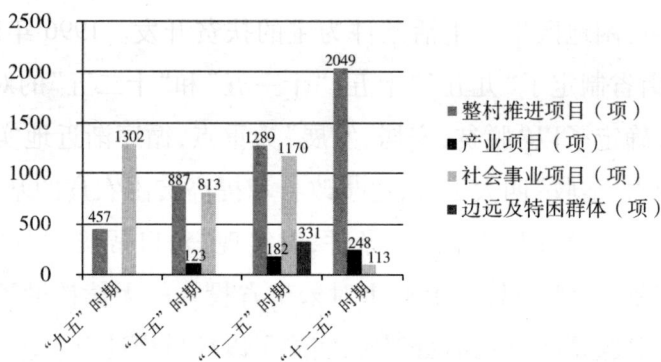

图 1-3　滇沪对口帮扶 1996—2015 年的分类项目实施情况
资料来源:云南省扶贫办。

经过 1996—2015 年的帮扶,上海市对口帮扶的 26 个县农民收入和整体经济水平实现了跨越发展。云南省是全国的扶贫开发重点地区,也是西部大开发和兴边富民工程的重点实施地区,因此,在云南省及 73 个国家扶贫开发重点县、7 个省级扶贫开发重点县和 25 个边境县,中央、省级和州市各级财政都投入了大量资金,实施了很多帮扶项目,同时还有国家机关、企事业单位以及省、州市各级机关和企事业单位实施定点扶贫投入的大量财力、物力和人力,促进了云南省,尤其是73 个国家扶贫开发重点县、7 个省级扶贫开发重点县和 25 个边境县经济社会的快速发展。上海对口帮扶的 4 个州市 26 个县,在获得国家各种帮扶政策的扶持下,还得到了上海市的对口帮扶。比较分析上海重点对口帮扶 26 个县与云南省及 73 个国家扶贫开发重点县、7 个省级扶贫开发重点县和 25 个边境县的主要经济指标发展状况,可以显示出上海对口帮扶的效益。

(一)上海对口帮扶 26 个县的农民人均纯收入年均增幅均高于云南省平均水平、73 个国家扶贫开发重点县、7 个省级扶贫开发重点县和 25 个边境县①

1996—2015 年的 20 年间,上海对口帮扶 26 个县的农民年人均纯收入从 1996 年的 683.73 元提高到了 2015 年的 7653.23 元,年均增长13.56%,从相当于云南省平均水平的 55.63% 提高到了 92.86%,年均增长率比云南省平均水平高了 3.02 个百分点。1999—2011 年,上海对口帮扶 26 个县的农民年人均纯收入从相当于 73 个国家扶贫开发重点县的 80.42% 提高到了 99.05%,年均增长 13.01%,比 73 个国家扶贫开发重点县的平均水平高了 1.95 个百分点。2002—2011 年,上海对口帮扶 26 个县的农民年人均纯收入从相当于 7 个省级扶贫开发重点县的 60.72% 提高到了 77.09%,年均增长 14.49%,比 7 个省级扶贫开发重点县高了 3.00 个百分点;2006—2011 年,上海对口帮扶 26 个县的农民年人均纯收入从相当于 25 个边境县的 90.06% 提高到了95.57%,年均增长 19.08%,比 25 个边境县高了 1.41 个百分点。尤其是 2010—2015 年的 6 年间,上海对口帮扶 26 个县的农民年人均纯收入的年均增幅达到了 22.30%,比同期云南省平均水平年均增幅高出了 6.46 个百分点。

---

①　由于 2012 年没有 73 个国家扶贫开发重点县、省级扶贫开发重点县和 25 个边境县三类地区的农民年人均纯收入的统计数据,因此与前三类数据比较截止到 2011 年。

表1-6　1996—2015年云南省贫困地区农民年人均纯收入比较

（单位：元/人；%）

年　份		云南省	73个国家扶贫开发重点县	省级扶贫开发重点县	25个边境县	对口帮扶26个县
1996		1229	—	—	—	683.73
1997		1375	—	—	—	810.42
1998		1387.25	—	—	—	832.42
1999		1438	1014	—	—	815.46
2000		1479	1100	—	—	987.04
2001		1534	1151	—	—	1022.60
2002		1609	1135	1724	—	1046.88
2003		1697	1200	1818	—	1122.42
2004		1864	1315	1862	—	1226.19
2005		2042	1461	2033	—	1346.85
2006		2250	1652	2201	1641	1477.96
2007		2634	1964	2536	1931	1705.88
2008		3103	2342	2962	2273	2071.38
2009		3369	2569	3223	2715	2404.27
2010		3952	3047	3772	3114	2797.54
2011		4722	3573	4591	3703	3539.04
2012		5417	—	—	—	4234.88
2013		6141	—	—	—	5029.58
2014		7456	—	—	—	6717.38
2015		8242	—	—	—	7653.23
年均增长	1996—2015	10.53	—	—	—	13.56
	1999—2011	10.42	11.07	—	—	13.01
	2002—2011	12.71	13.59	11.5	—	14.49
	2006—2011	15.98	16.68	15.84	17.68	19.08
	2010—2015	15.84	—	—	—	22.30

注：73个国家扶贫开发重点县单项统计从1999年开始；省级扶贫开发重点县单项统计从2002年开始，
　　2002年、2003年是5个县，2004年后是7个县；25个边境县单项统计从2006年开始；2011年以片区
　　县为统计口径，73个国家扶贫开发重点县、省级扶贫开发重点县和25个边境县不再单项统计。上海
　　对口帮扶26个县是各县均值。

数据来源：根据1997—2016年《云南统计年鉴》和《云南领导干部手册》相关数据计算。

（二）上海对口帮扶 26 个县的人均生产总值年均增幅均高于云南省平均水平、73 个国家扶贫开发重点县、7 个省级扶贫开发重点县和 25 个边境县

1996—2015 年，上海对口帮扶 26 个县的人均生产总值从 1996 年的 1389.33 元提高到了 2015 年 18750.89 元，年均增长 14.68%，分别从相当于云南省平均水平和 73 个国家扶贫开发重点县的 37.40% 和 86.13% 提高到了 65.09% 和 110.89%，年均增幅分别比云南省平均水平、73 个国家扶贫开发重点县高出了 3.30 个百分点和 1.51 个百分点；2002—2015 年，上海对口帮扶 26 个县的人均生产总值从相当于 7 个省级扶贫开发重点县的 63.40% 提高到了 93.21%，年均增长 17.16%，比 7 个省级扶贫开发重点县高出了 3.42 个百分点；2006—2015 年，上海对口帮扶 26 个县的人均生产总值从相当于 25 个边境县的 85.41% 提高到了 89.52%，年均增长 16.22%，比 25 个边境县高了 0.61 个百分点。尤其是 2010—2015 年的 6 年间，上海对口帮扶 26 个县的人均生产总值年均增幅达到了 15.50%，分别比同期云南省平均水平、73 个国家扶贫开发重点县、省级扶贫开发重点县、25 个边境县的年均增幅高出了 2.67、1.00、3.57 和 0.39 个百分点。

表 1-7　1996—2015 年云南省贫困地区人均生产总值比较

（单位：元／人；%）

年　份	云南省	73 个国家扶贫开发重点县	省级扶贫开发重点县	25 个边境县	对口帮扶 26 个县
1996	3715	1613	—	—	1389.33
1997	3996	1764	—	—	1584.00
1998	4355	—			1723.81
1999	4452	2090			1836.30
2000	4770	2207			2016.41
2001	5015	2316			2182.81
2002	5366	2544	3776		2393.96

续表

年　份		云南省	73 个国家扶贫开发重点县	省级扶贫开发重点县	25 个边境县	对口帮扶26 个县
2003		5870	2769	4112	—	2666.59
2004		7012	3502	4548	—	3654.00
2005		7835	3971	5182	—	4133.48
2006		8970	4741	5978	5674	4846.00
2007		10540	5629	7106	6746	5858.48
2008		12587	6484	8545	7849	6931.93
2009		13539	7318	9631	8901	7795.85
2010		15751	8590	11450	10362	9120.89
2011		18957	10725	13925	12614	10989.41
2012		22195	12866	16458	15028	13064.07
2013		25322	14731	18987	17355	15277.70
2014		27264	15749	18613	19400	16818.81
2015		28806	16909	20117	20947	18750.89
年均增长	1996—2015	11.38	13.16	—	—	14.68
	2002—2015	13.80	15.68	13.73	—	17.16
	2006—2015	13.84	15.18	14.43	15.62	16.22
	2010—2015	12.83	14.51	11.93	15.12	15.50

注:73 个国家扶贫开发重点县单项统计从 1999 年开始;省级扶贫开发重点县单项统计从 2002 年开始,2002 年、2003 年是 5 个县,2004 年后是 7 个县;25 个边境县单项统计从 2006 年开始;2011 年以片区县为统计口径,73 个国家扶贫开发重点县、省级扶贫开发重点县和 25 个边境县不再单项统计。上海对口帮扶 26 个县是各县均值。

数据来源:根据 1997—2016 年《云南统计年鉴》和《云南领导干部手册》相关数据计算。

（三）上海对口帮扶 26 个县的农林牧渔业总产值呈快速增长趋势,年均增长率分别高于 73 个国家扶贫开发重点县、7 个省级扶贫开发重点县和 25 个边境县

1996—2015 年,上海对口帮扶 26 个县的农林牧渔业总产值从 1996 年的 48.67 亿元提高到了 2015 年的 637.06 亿元,年均增长 14.49%,从相当于 73 个国家扶贫开发重点县的 31.89% 提高到了 35.61%,年均增长率分别比云南省平均水平、73 个国家扶贫开发重点县高出了 0.88 和 0.94 个百分点;2002—2012 年,上海对口帮扶 26 个县的农林牧渔业总产值年均增长 15.07%,比 7 个省级扶贫开发重点县高出了 2.68 个百分点;2006—2012 年,上海对口帮扶 26 个县的农林牧渔业总产值年均增长 16.02%,比 25 个边境县高出了 0.77 个百分点。尤其是 2010—2015 年的 6 年间,上海对口帮扶 26 个县的农林牧渔业总产值年均增幅达到了 17.28%,分别比同期云南省平均水平、73 个国家扶贫开发重点县、省级扶贫开发重点县、25 个边境县的年均增幅高出了 3.96、2.48、4.89 和 1.50 个百分点。

表 1-8　1996—2015 年云南省贫困地区农林牧渔业产值变化情况

(单位:亿元;%)

年　份	云南省	73 个国家扶贫开发重点县	省级扶贫开发重点县	25 个边境县	对口帮扶 26 个县
1996	299.36	159.8	—	—	48.67
1997	323.91	171.59	—	—	52.80
1998	338.63	—	—	—	55.57
1999	355.41	183.08	—	—	58.38
2000	680.90	301.50	—	—	93.91
2001	703.50	312.90	—	—	98.25
2002	743.80	328.20	76.70	—	102.74
2003	799.30	352.00	79.90	—	112.78
2004	965.20	409.90	89.20	—	134.73
2005	1068.60	455.40	97.90	—	150.76
2006	1209.80	505.80	107.80	176.40	167.25
2007	1414.80	610.20	128.10	209.40	198.22
2008	1641.50	726.20	153.60	241.00	234.43
2009	1706.20	809.70	171.10	268.00	264.74
2010	1810.50	897.40	195.30	304.20	287.13
2011	2301.31	1104.37	229.94	383.75	359.82
2012	2680.1	1364.09	275.12	477.90	456.98
2013	3056.44	1581.76	310.07	558.73	538.44
2014	3261.3	1686.28	329.31	596.09	570.44
2015	3383.09	1789.02	350.16	632.78	637.06

续表

年　份		云南省	73 个国家扶贫开发重点县	省级扶贫开发重点县	25 个边境县	对口帮扶26 个县
年均增长	1996—2015	13.61	13.56	—	—	14.49
	2002—2015	12.36	13.93	12.39	—	15.07
	2006—2015	12.10	15.07	13.99	15.25	16.02
	2010—2015	13.32	14.80	12.39	15.78	17.28

注:73 个国家扶贫开发重点县单项统计从 1999 年开始;省级扶贫开发重点县单项统计从 2002 年开始,2002 年、2003 年是 5 个县,2004 年后是 7 个县;25 个边境县单项统计从 2006 年开始;2011 年以片区县为统计口径,73 个国家扶贫开发重点县、省级扶贫开发重点县和 25 个边境县不再单项统计。上海对口帮扶 26 个县是各县均值。

数据来源:根据 1997—2016 年《云南统计年鉴》和《云南领导干部手册》相关数据计算。

(四)上海对口帮扶 26 个县的人均财政收入年均增幅均高于云南省平均水平、73 个国家扶贫开发重点县和省级扶贫开发重点县[①]

1996—2015 年,上海对口帮扶 26 个县的人均财政收入从 1996 年的 83.88 元提高到了 2015 年的 1290.99 元,年均增长率达到了 15.47%,从相当于云南省平均水平的 25.89%提高到了 33.76%,年均增幅比云南省平均水平高出了 1.60 个百分点。1996—2011 年,上海对口帮扶 26 个县的人均财政收入从相当于 73 个国家扶贫开发重点县平均水平的 74.23%提高到了 100.57%,年均增长 16.62%,比73 个国家扶贫开发重点县高出了 2.50 个百分点。2002—2011 年,上海对口帮扶 26 个县的人均财政收入从相当于 7 个省级扶贫开发重点县的 63.24%提高到了 77.07%,年均增长 21.16%,比 7 个省级扶贫开发重点县高出了 2.64 个百分点。2006—2011 年,上海对口帮扶 26 个县的人均财政收入从相当于 25 个边境县的 84.9%下降到76.30%,年均增长率 25.07%,比 25 个边境县低了 2.71 个百分点。

---

① 由于 2012 年以后,没有 73 个国家扶贫开发重点县、省级扶贫开发重点县和 25 个边境县三类地区的人均财政收入的统计数据,因此与前三类数据比较截止到 2011 年,2011—2015 年仅与全省平均水平进行比较。

尤其是2010—2015年的6年间，上海对口帮扶26个县的人均财政收入年均增幅达到了17.82%，比同期云南省平均水平的年均增幅高出了2.80个百分点。

表1-9　1996—2015年云南省贫困地区人均财政收入比较

（单位:元/人;%）

年　份	云南省	73个国家扶贫开发重点县	省级扶贫开发重点县	25个边境县	对口帮扶26个县
1996	324	113	—	—	83.88
1997	377	138	—	—	108.73
1998	411	—	—	—	110.42
1999	414	119	—	—	113.50
2000	429	120	—	—	116.12
2001	448	130	—	—	134.46
2002	480	134	203	—	128.38
2003	527	150	237	—	153.46
2004	599	151	227	—	152.23
2005	705	183	281	—	180.35
2006	851	228	348	278	235.92
2007	1082	298	441	375	291.46
2008	1356	364	528	453	360.88
2009	1532	420	606	522	441.69
2010	1900	555	741	688	568.65
2011	2407	718	937	947	722.12
2012	2881	—	—	—	891.69
2013	3448	—	—	—	1085.15
2014	3613	—	—	—	1235.08
2015	3824	—	—	—	1290.99

年　份		云南省	73 个国家扶贫开发重点县	省级扶贫开发重点县	25 个边境县	对口帮扶26 个县
年均增长	1996—2015	13.87	—			15.47
	1999—2011	15.40	14.12			16.62
	2002—2011	19.62	20.50	18.52		21.16
	2006—2011	23.11	25.79	21.91	27.78	25.07
	2010—2015	15.02				17.82

注:73 个国家扶贫开发重点县单项统计从 1999 年开始;省级扶贫开发重点县单项统计从 2002 年开始,2002 年、2003 年是 5 个县,2004 年后是 7 个县;25 个边境县单项统计从 2006 年开始;2011 年以片区县为统计口径,73 个国家扶贫开发重点县、省级扶贫开发重点县和 25 个边境县不再单项统计。上海对口帮扶 26 个县是各县均值。

数据来源:根据 1997—2016 年《云南统计年鉴》和《云南领导干部手册》相关数据计算。

三、帮扶地区民生改善,人力资源储备增量

1996 年以来,滇沪对口帮扶始终把开展教育、卫生和文化帮扶,作为帮扶重点之一,促使西部对口帮扶地区的社会事业快速发展,切实解决了当地贫困群众"上学难""看病难"的问题。对口帮扶中科教文卫帮扶的主要内容包括:新建或改扩建中小学校,援建妇幼保健中心、疾病控制中心、医院、乡卫生院和村卫生室,资助贫困生返校上学,组织上海市中小学校与云南省贫困地区中小学校结成对口帮扶学校,派老师支教,免费培训教师、医务人员和学生,派医务人员到西部挂职进行技术支持和指导,开展医疗卫生技术合作项目,组织医疗队到西部省区市进行义诊等。20 年来,上海市先后投入帮扶资金 10.13 亿元,实施帮扶项目 3398 项,实现了由援建希望学校向教育、医疗卫生、科技、文化、旅游等领域的全覆盖。上海市有效实施滇沪"百校帮百校""10 所高校帮 10 所高校""15 所职校帮 9 所职校"的结对帮扶任务;先后派出12 批 1300 名骨干教师赴滇支教,开展教师、校长及教务人员培训,帮助培训教师 10 万多人次;促进受援地区教育管理和教学水平稳步提

高;累计资助贫困学生数万人。不断深化医疗卫生帮扶合作,双方卫生部门援建白玉兰乡村卫生室,利用"白玉兰"远程教育网实施"云南省乡镇卫生院在职卫生技术人员全科医学知识培训项目",培训各类医务工作者约11.5万名;利用上海市人力资源和医疗技术优势,开展学术交流活动,云南省约1700名医疗工作者赴沪接受培训,有效提高了云南省卫生技术人员的业务技术和服务能力;实现上海28家三级医院对口支援云南28个贫困县医院,推进乡(镇)卫生院标准化建设、医疗卫生设备设施改进等。

四、特困群体分类施策,整族帮扶成效显著

一是投入帮扶资金6538.3万元,先后对德昂族实施全面帮扶,且让1.97万德昂族群众实现整体脱贫,实施恩乐镇大平掌200户1000名苦聪人易地搬迁和21个整村推进项目,对金平莽人雷公打牛村实施易地搬迁并让43户195名莽人喜迁新居。二是投入300万元在福贡县马吉乡马吉米村实施安居房建设、村间道路硬化、人马驿道修建、农村实用技术培训和种养殖业等帮扶项目。三是对独龙族帮扶资金累计投入7670万元,对独龙江乡独龙族实施整乡推进整族帮扶,实施了5个民族文化特色村安居工程和整村推进项目建设。

五、产业培植成效初显,示范带动作用增强

滇沪对口帮扶与区域合作中实行产业扶持与劳动力转移相结合,提升了贫困地区产业支撑能力,多渠道增加贫困农户收入。培育和发展云南省贫困地区的支柱产业,提升贫困地区和贫困群众的自我发展能力,是当前滇沪对口帮扶与区域合作中促进农民增收、农业增效、地区发展的有效模式。滇沪对口帮扶与区域合作,实施产业帮扶与劳务输出相结合、支柱产业培育发展与科技推广相结合,促使云南省贫困地区集中扶持发展了一大批种养殖的特色经济项目和一批高科技的新兴

产业,经济发展基本实现了由方式不多、后劲不足向产业多样、规模发展的巨大转变。20 年来,上海方投入产业帮扶资金 3.8 亿元左右,实施帮扶项目 550 多项,仅"十二五"期间,上海投入产业帮扶资金 2.5 亿元,实施产业帮扶项目 248 项①,培植了三七、茶叶、天麻、石榴、核桃、橡胶、葡萄、辣椒、猕猴桃等特色产业,建设了一批猪、牛、羊、生态鸡等养殖基地,推行"公司+基地+农户"模式,培育了以光明集团云南石斛公司为代表的一批产业扶贫龙头企业,探索了新形势下农村富余劳动力就近转移就业和产业帮扶新模式,实现了由传统单一产业培植到发挥优势、规模发展、种养加一体化的特色农业扶持转变。以"公司+基地+农户"模式带动当地特色产业发展,产业帮扶引领示范作用增强,产业收入占农民年人均纯收入 40% 以上。滇沪产业资金与中国扶贫基金会协作在文山州富宁县探索小额信贷扶持当地产业发展试点,及时为农户解决产业发展资金不足困难,带动 500 多家产业户发展增收产业,实现产业增收 3166 万元。注重加快中长期产业培育与短期增收项目梯度结合和种养殖业协调发展,重点扶持优质、特色、绿色的适度规模化农特产业。

六、整村整乡推进建设,示范带动效应显著

1996 年以来,滇沪对口帮扶与区域合作始终把改善贫困地区生产生活条件作为重点之一,大力推进以整村推进为主,产业扶贫与劳务输出、易地搬迁相结合的扶贫开发项目,有效提升贫困群众的自我发展能力。20 年来,滇沪对口帮扶投资 22 亿元,成功实施了 4682 个以基本农田改造、道路修建、路面硬化、灌溉水利建设、人工种草以及完善农村电网、广播电视、饮水工程建设等为重点的整村推进新农村建设,成功探索实施了合力攻坚整乡推进试点、新纲要示范村、迪庆藏区"新农

---

① 云南省扶贫办:《滇沪对口帮扶合作"十二五"总结》,2015 年 11 月 19 日。

区、新牧区、新社区"三区联动建设试点、乡村民族文化旅游产业开发等创新帮扶合作试点,新增和改建了农村公路,提高了县、乡、村的公路通达能力,改善了交通运输条件;改善了灌溉条件,旱涝保收面积大幅度增加;扶持的贫困自然村实现了"四通七有",解决和改善了当地深度贫困人口的饮水安全问题,有效改善了受援区群众生产生活条件,基本实现贫困地区农民素质有提高、村级组织建设有加强、村容村貌有优化、乡风文明有进步,充分发挥帮扶地区新农村建设的示范带动效应。目前,全省滇沪对口帮扶项目区发展实现了"六个呈现":一是发展呈现新态势。滇沪对口帮扶项目涉及的县、乡镇、村综合经济实力明显增强,农民收入大幅增加,基础设施明显改善,社会事业明显加强,服务体系逐步建立,人居环境大为改观,实现了跨越式发展。二是产业呈现新格局。滇沪对口帮扶项目区集中连片、成规模地发展优势产业,优化调整农业农村经济结构,形成跨区域、上规模的"一村一品""一乡一业"的特色优势产业,提高了特色产业发展质量和效益,夯实农民长远脱贫增收的基础。三是村庄呈现新面貌。滇沪对口帮扶项目区既改善了生产生活条件、发展增收致富产业,也加大了以改房、改水、改厕、改灶和治理"脏、乱、差"为重点的村庄整治力度,使贫困群众居住环境明显改善,村容村貌焕然一新。四是制度呈现新体系。通过滇沪对口帮扶工作的探索,逐步建立和完善了有效的对口帮扶投入机制、资金整合机制、社会参与机制、组织保障机制、群众主体作用发挥机制。五是能力呈现新提高。滇沪对口帮扶激发了项目区贫困群众脱贫致富的积极性,各地在实践过程中,一方面,通过项目的实施加强对贫困群众的科技培训,通过教育扶贫加大对贫困地区人才培养的力度,通过培训转移贫困地区农村劳动力,资助深度贫困农民家庭子女接受中、高等职业教育;另一方面,通过建立健全专业协会等农民专业组织,提高了农民的组织化程度。贫困农户自我发展能力得到明显提升。六是基层干部群众呈现新气象。滇沪对口帮扶对人力资源的开发与培训,加强了县

（市区）、乡镇、村各级干部队伍的能力提升和素质培养,增强了各级干部的工作能力和素质;培养了一批各类人才和农村致富带头人,提升了项目区干部群众的人力资本,增强了项目区的自我发展能力,为促进边疆稳定、民族团结、社会和谐发挥了重要作用。

七、基层素质大幅提升,自我发展水平增强

滇沪对口帮扶与区域合作一直把开发和提升云南贫困地区的人力资本存量作为提高云南贫困地区和贫困人口自我发展能力的关键举措,主要开展了两个方面的人力资本开发与提升:一是组织干部交流培训,加强滇沪两地各级相关部门领导干部的交流和沟通,强化干部队伍建设,改变干部的发展理念,提高干部素质和能力。20 年来,滇沪两省市把双方的干部交流作为帮助云南贫困地区开发人力资本的重要方式,上海市先后选派 10 批 153 名援滇干部到 4 州市挂职,负责帮扶项目的规划、实施与推进;选派 19 批 383 人开展"青年志愿者接力行动",选拔 804 名应届大学生、研究生参加服务西部计划。云南省先后选派了 300 多名干部赴沪挂职锻炼,并且每年派出大量基层干部和专业技术人员到上海参加培训学习。二是开展技术交流项目和培训各类技术人才,不断增加云南省贫困地区的人才储备和人力资本,为云南省快速发展提供技术和人才保障,提高云南省贫困地区自我发展和自主创新能力。20 年来,上海市通过专家巡讲、远程教育等方式为云南省教育、卫生、金融、园区管理、产业开发、片区扶贫开发规划编制及招商引资等重点领域紧缺实用专业人才进行培训,累计培训各类人才 60 余万人,为云南省贫困地区跨越发展打下了坚实基础。

与此同时,滇沪对口帮扶与区域合作把对贫困地区的贫困人口进行劳务技能培训和劳务输出,作为较快提高贫困农民收入水平进而实现脱贫致富的重要手段,坚持产业帮扶和劳动力输出双轨促进当地贫困农户增收的思路,探索出上海帮扶打基础、联合办学搞培

训、实行订单保输出的劳务培训与转移新路子,建立"职教+园区+企业"相结合的劳动力转移培训机制,有效实现了农民增收。1996—2006年滇沪对口帮扶与区域合作累计输出云南省贫困劳动力1.9万人,仅"十五"时期组织的劳务输出获得的劳务收入总量达到22.8亿元,大量的劳务输出增加了贫困地区贫困农户的工资性收入,已经成为贫困地区贫困农户增收的主要渠道之一。20年来,上海市已经帮助云南省不断完善用工信息沟通交流机制,在重点帮扶4州市搭建了劳务输出培训中心,充分利用当地各类教学资源,探索出了一条联合办学搞培训,实行订单保输出的劳务培训与转移新路子,组织云南省富余劳动力赴沪务工约12万人,人均年收入达3万余元,取得了"培训输出一人、致富一家、带动一村、影响一片"的良好效果。部分务工人员被上海市所在企业评为"优秀农民工标兵""双文明十佳员工"等,并扎根上海。

八、经济合作拓展深化,助推产业转型升级

20年来,上海市和云南省充分利用上海市技术、资金、人才、管理等强大优势,高位推动,紧紧围绕产业发展积极开展经济合作,上海光明集团、上海医药集团、上海浦东发展银行、上海新沪商联合会、上海漕河泾新兴技术开发区等一批大企业来滇投资,实现了由单一技术转让、营销合同向以资金为纽带的并购重组、技术协作、全方位、多领域合作发展。搭建了特色农产品经销平台,推进"云品入沪""沪企入滇"工作,组织了迎春博览会、农产品推介会,合作开通"携手"网,拓展帮扶地区特色农产品进入上海市消费市场。目前,滇沪经济合作范围已经覆盖了现代农业、现代生物、能源矿产、基础设施、文化创意、电子科技、旅游金融等众多领域,经贸合作不断深化。通过政策支持、企业主体、市场运作,截至2016年,累计实施经济合作项目2000余个,实际到位项目资金646亿元。一是产业项目与技术协作相结合提升了云南产业

发展的质量。上海烟草(集团)公司与云南省烟草局合作,在文山州建立烤烟基地,并合作开展烤烟科研开发;上海航星通用电器有限公司投资3000多万元,与昆明供电局所属企业合作,共同建立了在云南省具有较高起点的电力设备制造企业——昆明华奥航星电气有限公司,引进上海50多项专利技术,成为云南省电器设备制造领域的高新企业;云南省一批企业先后与复旦大学、上海交通大学、中科院上海昆虫研究所等高校和科研院所实施了"助力车电池低成本高能量密度新型储能材料研究""云南野生稻遗传资源保护与研究""高校多晶硅太阳电池技术研究""生物农药印楝新制剂产品开发"等一批科技与生产相结合的科技合作项目,实现了科研成果向生产力的转化。科技文化发展呈现新态势。在"中国·云南桥头堡建设科技入滇对接会"上签约42个优秀科企合作项目,金额达2.5亿元。上海海洋大学刘承初教授获准在云南新海丰水产科技集团建立专家工作站,上海市文管局协助云南省文化厅在上海外高桥保税区设点。二是企业并购重组,加大资金投入、提升管理水平,加快了云南省经济发展的水平。上海光明集团投资8亿元控股云南英茂糖业,并投资5000万元在西双版纳州勐海县建立了全国最大的铁皮石斛种植基地,以"公司+基地+农户"模式带动当地特色产业的发展;上海锦江集团全资收购原昆明锦华大酒店,并以锦江酒店管理品牌,先后对昆明、思茅、西双版纳、丽江等地近10家酒店进行管理。三是合作搭建特色农产品经销平台。(1)利用各类会展平台,拓展企业合作参与"桥头堡"建设和产业链招商,合力探索打造一批滇沪帮扶合作特色产业,提升产业帮扶资金使用效益。(2)云南省连续多年率团赴沪参加上海特色农产品交易博览会,集中展示高原特色农产品,将绿色特色农业优秀产品全方位推介宣传,维护和打开通路,搭建合作和交流平台,为开拓上海及华东市场提供良好商机。(3)双方共同组织迎春博览会、农产品推介会,组织农特产品生产企业与上海大型采购商、专业经销商对接考察,洽谈合作。(4)举办国际农产品展示、直销中心,着力宣传云南省生物产业发展相关情况,并设各州市特色商品体验区和招商引资洽谈区。(5)与东方网合作开通"捷手"网,以电子商务和团购方式,拓展对口帮扶地区特色农产品进入上海消费者家庭,改造建设冷库,并与有关物流企业合作,建立电子商务、冷链、配送一条龙的服务。目前,普洱茶、石榴、核桃、天麻、三七等特色农产品畅销上海市场,云南锦苑花卉产业股份有限公司、文山苗乡三七实业有限公司等近20家企业在上海设立代销直销点,年销售额15亿元。

综上所述,滇沪对口帮扶与区域合作呈现出力度不断加大、领域不断拓宽、机制不断创新、体系不断健全的良好势头。综合分析滇沪对口帮扶与区域合作,呈现出三个特点:一是形式多样,覆盖面广。滇沪对口帮扶和区域合作中,上海市的14个区县以及各相关部门、社会各界、各类企业都参加了滇沪对口帮扶和区域合作工作,覆盖了云南省的4个连片特困片区、6个州市以及部分特困民族群体,解决了云南省60余万贫困人口的基本温饱问题,150余万群众受益。二是多领域、全方位帮扶与合作,成效显著。滇沪对口帮扶与区域合作,是国家为实现共同富裕目标作出的一项制度性安排。自1996年开始实施以来,滇沪对口帮扶创造了形式多样的帮扶模式,逐步形成了政府援助、企业合作、社会帮扶、人才支持为主的基本工作框架,帮扶力度越来越大,帮扶范围越来越广,成效非常显著,为加快云南省减贫进程、推进西部大开发、促进区域协调发展、努力实现全体人民共享改革发展成果作出了重要贡献。三是对口帮扶与区域合作实现了网络化。滇沪对口帮扶与区域合作发展到现在,已经成为一个系统庞大的网络,它不仅是一个滇沪省市政府之间的对口帮扶工作,更是一个庞大的社会对口帮扶系统,也是目前滇沪两地最大、最复杂且很有效的扶贫开发与经济合作相结合的系统。

第四节　积累的主要经验

一、高位推动，务实合作

滇沪双方的省市政府形成了高位强势推进滇沪对口帮扶和区域合作的态势：一是滇沪双方成立了由省（市）党政领导牵头的对口帮扶合作领导小组，高位务实推进对口帮扶合作，定期召开双方领导小组联席会议暨滇沪对口帮扶合作现场交流会议，互通帮扶合作情况、共商帮扶合作大计，形成一年一度的工作联席会议制度，推进对口帮扶合作工作深入发展。二是滇沪省市政府建立和加强了高层互访机制，"十二五"期间滇沪双方签署实施了《关于进一步加强滇沪帮扶合作，携手参与中国面向西南开放重要桥头堡建设战略协议》《关于加强滇沪对口帮扶与重点领域合作框架协议》等一系列文件和会议纪要，云南省政府还分别与复旦大学、上海交通大学、同济大学签署了《省校战略合作框架协议》，强化了联席会议机制，增强了工作计划性。三是滇沪双方帮扶合作领导小组办公室建立和完善了沟通对接机制，密切合作，加强对帮扶合作的宏观指导和跟踪服务。

二、统筹协调，整合推进

滇沪两省（市）党委、政府始终按照党中央、国务院实施东西部扶贫协作战略统一部署，遵循有思路、有规划、有机制、有创新、有成效的"五有"机制和"民生为本、产业为重、发展为先"的原则，按照"开创性、务实性和操作性"相统一的要求，围绕帮扶地区群众最关心、受益最直接、要求最急迫的问题，不断探索、创新对口帮扶合作新模式、新机制和新举措，实现由单一的进村入户、解决温饱向整乡规划、整村推进、片区开发全面发展，社会事业帮扶逐步向教育、文化、卫生、科技等全方位延伸,经济合作呈现强劲发展态势,形成了"政府援助、人才支持、企业合作、社会参与"的对口帮扶合作格局。

三、全面拓展,合作共赢

滇沪对口帮扶和区域合作已经实现了"两个拓展":一是东西部扶贫协作已经由刚起步时东部单向帮扶西部,拓展为在对口帮扶框架下东西部双向互动、共同发展、实现共赢;二是由最初主要是政府间的援助行为拓展为各类市场主体的共同参与,再发展到包括各类社会团体、民间组织、爱心人士在内的社会各界多形式、宽领域的广泛参与。2013年,上海市14个区县与云南省26个对口县签订了《关于深化区县对口帮扶合作的框架协议》;两省市10个部门签订了2013年度合作备忘录。多层次的全面拓展,促使滇沪合作不断深化。

四、规范管理,完善机制

管理制度和工作机制不断完善,逐步实现规范管理、高效运行,是成功实施滇沪对口帮扶与区域合作的重要保障。一是滇沪对口帮扶合作部门间建立工作会议制度,由部门负责人进一步细化帮扶合作项目。二是对口帮扶州(市)、区(县)之间建立工作机制,汇报帮扶进展情况,研究深化帮扶合作工作举措,确定年度帮扶合作重点项目。三是双方帮扶合作领导小组办公室建立和完善了沟通对接机制,密切合作,加强对帮扶合作的宏观指导和跟踪服务,制定了项目资金管理有关制度,有效促进了帮扶合作制度化、规范化运行。通过建立健全帮扶合作工作定期会议制度、部门联席会议制度、对口区(县)帮扶机制及帮扶项目跟踪管理等一系列工作制度,为全面开展滇沪帮扶合作提供了强有力的制度保障。

总结滇沪对口帮扶20年的实践,滇沪对口帮扶与区域合作的管理和运行之所以成功,主要是做到了"三个到位":一是帮扶意识和工作态度到位。帮扶效果的好坏关键在于态度和意识是否到位,只有态度和意识到位才能真正使对口帮扶落在实处。通过上面的分析不难发现,在对口帮扶的帮扶方式中,上海市各级政府非常重视对口帮扶,扶贫投资力度持续加大,创造了多种帮扶模式,成效显著。二是政策措施到位。一方面,在扶贫开发中,上海市各级政府在认真调查研究云南省对口帮扶县的贫困问题,提出切实可行的新思路、新方法,创新帮扶模式的基础上,不断加大投入力度,落实对口帮扶项目;另一方面,在经济合作方面,上海市和云南省以政府为主导,企业为主体,以科技交流合作和产业转移发展为重点,不断拓展合作领域,创新合作形式,促使经济合作落在实处。三是工作机制到位。目前,滇沪对口帮扶和区域合作的工作机制不断完善,上海和云南两省市建立和加强了高层互访机制、强化了联席会议机制,增强了工作计划性,两省市之间签订了"九五""十五""十一五"和"十二五"的对口帮扶规划或合作框架协议,不断完善资金管理和使用、项目实施和监督、干部交流培训等制度。

五、责任分解,监督协作

各级党政主要负责人是滇沪对口帮扶和区域合作的第一责任人,各级各部门一把手是滇沪对口帮扶和区域合作的第一负责人,制订了科学合理的目标,细化分解任务,认真落实责任,实行分级负责。同时,滇沪对口帮扶和区域合作项目严格执行公告公示制、扶贫项目永久性公示牌设立制、审计监察制、资金专户管理制、资金报账制、跟踪问效制、招投标制、大宗物资集中采购制、项目验收考核及后续管理制等,严格落实整村推进、产业扶贫、劳动力转移培训、革命老区项目、信贷贴息项目、村级互助资金绩效管理制,着力推行滇沪对口帮扶扶贫项目廉政承诺制、贫困群众廉政评议制、贫困群众廉政评议员制,牢固树立了上级监督、部门监督、审计监察监督、人大政协监督、舆论监督、群众监督六道防线。

第二章　融入长江经济带战略与深化滇沪合作面临的突出问题及障碍因素

  滇沪对口帮扶与区域合作 20 年,经历了探索、拓展、全面合作、深化合作四个大的阶段,区域合作呈现出力度不断加大、领域不断拓宽、机制不断创新、体系不断健全的良好势头,已成为东西部合作的典范和品牌。随着长江经济带战略上升到国家战略层面,在融入长江经济带战略背景下,滇沪区域合作面临新情况、新问题。在国家战略指导下,滇沪融入长江经济带的框架已经形成,但是在顶层设计和项目落地之间缺乏整体协调机制,滇沪区域合作缺乏战略高度,缺乏文化、生态、经济等领域整体统筹谋划。滇沪双方惯性地注重对口帮扶,对于区域合作认识不足,重视不够。在国家战略确定后,整体的合作机制尚未完善,主要包括动力机制、协调机制、分配机制和补偿机制。在区域合作中具体突出的问题有四种“症状”,主要表现为滇沪双方各自的“单相思症”“帮扶疲劳症”“贫血症”和“败血症”。社会事业发展的方面也面临着一系列的问题和不足,建设项目配套不完善,社会事业的支持可持续性不足,培训的可及性和适应性不够,因地制宜的设计不够。经济联动与区域合作广度和深度不足。沪商在滇的投资总量小、规模不大,比重低;推动滇沪经济合作动力不足、缺乏创新、前瞻性不足;区域合作项目落地和进展没有掌握,对沪企发展规划及投资动向把握不准;经济联动性差,区域合作与长江经济带的地位不匹配。缺乏区域合作的平台,资源要素未能形成有机整合。对平台建设认识不足,尚未建立健全资源要素整合的平台;缺乏官方联络互助的平台,全社会参与区域合作不足;乡镇及街道办事处结对合作初见成效,但缺乏顶层设计;滇沪部门的资源、技术和力量挖潜不力。投资领域狭窄、产业发展动力不足。投资领域比较狭窄;产业结构单一,群众增收困难;重基础设施建设,轻产业扶持;对口帮扶项目在产业扶持方面投入不足;建设用地保障度低,限制了项目落地。扶贫开发成本逐年抬升,工作经费难以保障,影响了帮扶绩效。云南的贫困现状呈现新特征,传统滇沪帮扶已经难以满足精准扶贫的要求;扶贫开发成本逐年增加,贫困群众脱贫难度增大;对口帮扶区域合作工作没有专项经费,项目推进管理难;上海市对口帮扶资金增量不多,覆盖面窄。

第一节　面临的突出问题

一、滇沪双方对区域合作认识有待提升

从中观层面来看,无论是上海市还是云南省,双方对服务于"两个大局"、促进东西部协作的政策内涵深度和外延广度存在偏差,思想观念和合作意识有待进一步提升。尤其是服务"短板"制约深度合作的问题突出。

(一)认识"割裂",帮扶合作"跛脚前行"

从理论上来看,没有充分认识到对口帮扶与区域合作都是发展的重要途径,对口帮扶局限于简单的扶贫。作为被帮扶的对象没有意识到外资投入的拉动作用,更多的注意力集中在对口帮扶上,思想不够开放,不重视区域合作,尤其是州市和县一级。区域合作被认为是对口帮扶的辅助措施,没有认识到对口帮扶与区域合作是推动发展的双轮动力,在对口帮扶格局基本成形的基础上,更具广阔发展空间的区域合作没有深入挖掘。由于看不到"对口帮扶"在本质上也是"对口合作",没

有充分认识到对口帮扶与区域合作都是区域开放合作的重要途径,对口帮扶局限于扶贫开发,合作力度不足;区域合作在实践中"单向"合作多,而区域互动不足,对口帮扶与区域合作也尚未形成合力机制。目前,对口帮扶基本格局已经形成,对口帮扶机制相对成熟,但是更具广阔发展空间的区域合作没有实质性的进展,区域合作"短板"现象突出。

(二)政策内涵理解不透,外延认识不足

区域合作在实践中"单向"合作多,而区域互动不足。上海市在长江经济带建设中处于"龙头"地位,是改革的最前沿;云南省作为我国面向南亚东南亚的辐射中心,处于长江经济带的"龙尾"地位,是沿边开放的最前沿,也是长江经济带的生态安全屏障。对口帮扶与区域合作是中央发展政策的一项重要措施,双方没有统筹地站在中央加大东西部协作、推进西部大开发的高度上,没有上升到民族团结进步、边疆稳定繁荣示范区建设以及长江经济带生态屏障建设的高度上,去深刻领会"两个大局"思想和对口帮扶与区域合作的战略地位。东部沿海地区在率先发展起来以后,没有拿出更多的力量帮助中西部的发展,认为对口帮扶与区域合作只是一个政治任务,没有站在全国整体发展的视角来看待这项工作。在滇沪对口帮扶州市上,长期仅以文山、红河、普洱、迪庆4个州市为主战场,滇沪区域合作中仅以保山、西双版纳两个州市为主阵地,对口帮扶合作区域空间界定上较为狭窄。在滇沪对口帮扶上尚未紧密结合云南省4个片区连片扶贫开发,一州、一县"大会战"("怒江大会战""宁蒗大会战")等扶贫重点,导致空间广度上有局限;在滇沪区域合作中,与滇中产业聚集区、辐射中心战略及沿边开放带等区域开放型经济建设结合的深度不足,导致"龙头"与"龙尾"呼应有限,互动不足,仅仅局限于政策本身,"共赢""多赢"的局面尚未真正形成。

(三)成员单位主动性不强,动力不足

一方面,尽管云南省成立了滇沪对口帮扶合作领导小组,由省委书记任组长,省级相关职能部门参与,领导小组办公室设在省扶贫办帮扶合作处,主要负责对口帮扶和经济社会合作的统筹协调工作,承担领导小组办公室的日常工作。帮扶合作处能够胜任对口帮扶工作,但是由于行政规格,协调省级相关职能部门难度大,合作协调机制没有建立,经济合作落到实处难。另一方面,在滇沪双方各个职能部门对于滇沪区域合作的认识不足,在区域合作推进的过程中主动性不强,主要以交差为主。在市场经济格局中,资源没有形成互补,合作效益不高,区域合作动力不足。

(四)受援方主导不足,援助方创新不力

过去在对云南扶贫工作中,滇沪对口帮扶创新了多项扶贫模式,总结了许多扶贫经验。但是,在党的十八大以来全面深化改革背景下,上海方在对口帮扶与区域合作的工作方式、工作模式和帮扶空间仍沿袭"惯性",缺乏创新,对口帮扶空间广度和区域合作深度拓展均有待加强。上海方"主导"帮扶项目的思维和做法还未转变,在对口帮扶合作过程中,由于对云南方的社会、历史和民族文化认识不足,部分帮扶者往往从主位来了解情况,看问题,建立信任、相互了解的渠道不畅,简单地以发达地区现实发展的视角,从客位看待对口帮扶发展中的问题和不足,导致主观性比较强,未切实给予云南方更多的项目"主导权"。

(五)云南参与区域合作观念滞后,服务"短板"问题突出

云南省对自己的资源优势认识不足,例如高原特色农产品等的优势。"云品入沪"的工程推进缓慢,只是开展农特产品推介活动,推进办法不多,路径较少。云南特色产品难以借助上海的优势,在市场空间拓展有限。云南省的生物产业、基础设施、新能源、文化旅游等领域具有较大的开发潜力。例如,在文化产业合作方面,双方共同开发民族民间特色文化产业亦有广阔的前景。但是云南对于自己的优势资源信心

和底气不足,缺乏全球化视野,招商手段方式单一,观念滞后,"紧盯"项目和资金,服务"短板"问题突出。没有在国家"一带一路"、长江经济带以及云南辐射中心的战略服务上狠下功夫,没有在承接产业转移的服务上狠下功夫。行业对接缺乏主动出击,没有积极融入上海的需求和发展,除有限的跨省际财政转移支付外,没有很好地撬动市场力量,做大做强经济合作这篇文章。

二、"四症"的问题影响区域合作效率

滇沪区域合作过程中,需求与供给存在差距,"单相思症"现象存在;政府主导型的帮扶机制,缺乏市场动力,"帮扶疲劳症"产生;内生动力不足,自我发展能力提升不力,"等、靠、要"的"贫血症"现象依然突出;加之项目实施后"重建轻管","败血症"问题需引起重视①②。总之,滇沪区域合作过程中出现的"四症"问题,影响了区域合作的进程和效率。

(一)"单相思症"现象存在

由于滇沪双方对于区域合作高度认识不足,援助方与受援方之间在"条块"结合和沟通不到位,滇沪双方包括帮扶主体对区域合作有不同的目标和期望,双方在区域合作过程中没有完全达成共识,并且对这项政策有不同的解读,以至于"供需"双方在项目安排上存在差异、出现重复建设等问题,帮扶对象与帮扶主体脱节,帮扶重点不突出。

(二)"帮扶疲劳症"产生

由于政府主导型帮扶机制单一,难以适应多样性的贫困需求,对口帮扶缺乏创新扶贫模式,缺乏可持续发展的动力,"帮扶疲劳症"现象

---

① 张体伟、王奇:《深化发达地区对口援藏的思路和对策研究》,《中国经贸导刊》2015 年第 27 期,第 50 页。
② 张体伟:《发达地区对口援藏与云南藏区提升自我发展能力研究》,中国社会科学出版社 2017 年版,第 65、66 页。

突出。部分对口帮扶项目完全来自援助方的意愿,脱离受援区实际和贫困户需求,缺乏适应性。有的项目过度整合扶贫资源,缺乏可复制性和持久性,一定程度上影响对口帮扶的效率,而且对于扶贫主体存在欠债务过大的隐患。

(三)"贫血症"现象突出

一方面,政府主导型的对口帮扶合作机制下贫困主体自我需要和自主发展的能力被忽略,阻碍外在帮扶力量的内在动力化,被帮扶者自我脱贫动力和自主发展能力不足。另一方面,帮扶合作以基础设施项目建设作为首选,产业扶持资金占比小且后续投入尤为不足,导致产业扶持效果大打折扣,对扶贫开发支撑不力。帮扶地区基层力量薄弱,群众认识较低,在实施项目过程中,农村基层组织引导群众参与建设的积极性、主动性还不够。部分帮扶村干部、群众对实施援助项目认识不到位,自力更生、艰苦奋斗的干劲不足,投工投劳、筹资筹料、参与项目建设的主体作用没有得到充分发挥。部分受援区产生了对对口帮扶"等、靠、要"的依赖现象,"贫血症"现象突出。

(四)"败血症"需引起重视

首先,重项目申报,轻项目前期调研。由于部分乡镇对项目前期工作重视不够,简单规划,对项目规划缺乏深入细致的调查,导致项目实施后,不能严格按照规划实施,中途申请变更,既影响进度,又影响实施效果。其次,项目规划缺乏前瞻性,投入散,容易造成重复投资、资源低效使用。如实施集中办学前,推进新农村建设的时候建设了崭新的小学,尚未投入使用,实施集中办学后校舍闲置,造成了前期投入资金的极大浪费。最后,对口帮扶中出现了"重建设、轻管理",缺乏项目的后续管理。在项目扶贫实施之前,大家都争来争去找项目,项目实施以后就很少关注后续管理和使用。有的缺乏对项目实施的认同感,有的没有相应的维护管理经费,或者缺乏相应的管理平台。没有形成村级相应的发展项目管理组织,缺乏针对项目实施以后的后续管理工作,没有相关人员进行解决和处理。

三、社会事业帮扶配套性与可及性不足

促进云南省社会事业的发展，能够为滇沪区域合作奠定坚实基础。在对口帮扶工作中，紧紧围绕基础设施建设，着眼于道路、能源、水利、生态等环节的建设，重视基础设施建设等硬件方面的改造和提升，对教育、医疗等社会事业的发展重视不足，尤其是在教育和卫生的硬件建成后没有关注贫困农户对教育与医疗等社会服务的可及性和设施的有效利用。在精准对接建档立卡、满足贫困户需求方面还面临诸多挑战。社会事业发展滞后，基本公共服务不足。教育、文化、卫生、体育等方面软件建设严重滞后。人均教育、卫生、社保和就业支出较低。深化滇沪社会事业交流合作，需进一步提高配套性、持续性、可及性。从目前掌握的部分基础资料显示，滇沪合作的部分项目规划建设缺乏配套性，造成资源低效使用；支教支医的政策可持续性不足；部分培训"门槛"高、可及性不足且适用性不强。

（一）项目规划建设缺乏配套，造成资源低效使用

项目设计缺乏针对当地最需要解决什么，最需要帮扶什么，对口帮扶没有发挥有效的作用。项目规划缺乏前瞻性，投入散，容易造成重复投资、资源低效使用。例如，援建的中小学缺乏配套软硬件设施，有实验室无设备器材、图书馆"有馆无书"、体育馆"有馆无配套"等现象突出。比如教育设施，"有了体育馆，没有相应的运动设施；有了图书馆的设施，没有图书，几年过去了，还是不能投入使用"。又如实施集中办学前，推进新农村建设的时候建设了崭新的小学，尚未投入使用，实施集中办学后校舍闲置，造成了前期投入资金的极大浪费。造成投入建设的实验室、图书馆等场馆被闲置，帮扶项目形成的资产低效利用。

（二）支教支医的可持续性不足

在对口支教支医的过程中，主要是以上海市派人到云南省对口地

区进行人才支援,但是整体的规划和协调不足,没能带动教育教学、科学研究、人才培养、管理等各方面发展,没能做到"借脑引智""借船出海",实现与援建双方共赢的目标。随后,自2013年以来,由于受各种因素影响,上海市暂停了支教支医工作,而州市基层干部群众对支教支医需求仍十分强烈,对恢复支医支教呼声较高。

(三)培训"门槛"高、可及性不足且适用性不强

以医疗帮扶合作为例,州县医院很难吸纳医科大学毕业生,只能对现有人才进行培训,但到上海培训要求副高以上的医技人员才能参加,导致绝大部分基层医疗技术人员无法到上海进行学习。即使参加了学习培训,收效也不大,从上海学习来的知识和管理方法,回到原单位没有办法运用,受到整个社会大环境的制约,出现了"学得会,用不了"的情况。培训的时间短,针对性不强,适用性不够,存在"培训激动,回来不动"的现象,培训效益不明显。远程医疗辅助诊断设施的不足和学习培训门槛高成为影响医疗帮扶合作效果的两大"硬伤"。

(四)帮扶地区医疗资源可及性不足

由于自然环境恶劣,各种气候不利于人的健康,地方性疾病多发,加上经济收入匮乏,缺医少药,人才短缺制约着对口帮扶区域群众的健康,直接影响了群众的发展。如何精准对接建档立卡贫困户,针对"小病不医,大病医不起","因病致贫、因残致贫、因病返贫"的现象,实施医疗救助脱贫一批,需要滇沪医疗卫生合作创新帮扶举措,重心下移,精准对接。上海市在医疗卫生领域已经实施了上海24家三级医院纳入对口支援的范围,云南省从设备、技术和人才需求方面要求上海市卫生系统将更多的三级医院纳入对口支援的范围,帮助援建地区医院改善医疗条件,提高办医水平。

四、产业扶持投入与辐射带动发展不力

由于受市场、行业双重风险的影响,滇沪对口帮扶资金对产业倾斜

明显不足,加之发展后续资金短缺,对帮扶地区产业辐射带动产业不足,削弱产业帮扶效果。

(一)产业投入占比偏小,项目资金"杯水车薪"

1996—2015 年,上海对口帮扶实际到位资金 33.97 亿元,其中用于整村推进项目的资金为 19.53 亿元,投入产业资金 3.79 亿元,占整个对口帮扶到位资金的 11.2%,产业帮扶资金投入年均不足 2000 万元。再以迪庆州为例,2011—2015 年,上海对口帮扶迪庆共计投入帮扶资金 31287 万元,其中,产业开发项目投入帮扶资金 2517 万元,所占比例仅为 8.0%,投入产业项目的资金"杯水车薪"。

(二)产业发展制约因素众多,部分产业发展受限

云南贫困地区生态关键区域,资源利用类型受到制约。交通不便,物流也成为制约因素,发展产业交通成本巨大。例如西双版纳州的橡胶是全国种植面积最大、产量最多、品质最好的橡胶,但是由于物流成本比较高,难以在西双版纳州进行深加工,产业链无法形成,只能成为原料输出地,橡胶主要流向昆明、成都等地,资源优势无法发挥出来。例如在产业发展过程中,没有小额信贷、贴息贷款,缺乏发展基金。再例如,咖啡种植是滇沪产业扶持的重点领域,但是由于咖啡价格波动,影响村民发展产业的积极性。咖啡种植的风险多,例如霜打虫吃,直接影响了村民的收入。此外,农村经济主要以家庭分散经营为主,过度依赖种植咖啡,其他种植和养殖没有形成规模,收入来源单一,大多数农户又都没有积累,自我发展的能力弱,发展模式缺乏创新,增收脱贫步伐缓慢。

(三)产业扶持缺乏衔接,市场能力建设滞后

资金投入到了生产设施、生产要素和生产技术之中,而忽视了对贫困户的市场指引和市场建设,指导农户发展粮食、牲畜、家禽、木材和药材,并投入了大量的人力物力,但是市场建设滞后,单个农户或贫困户市场营销能力又弱,市场经济观念淡薄。缺乏政府组织整体营销渠道

和中间销售组织,产品滞销严重,影响了群众经济收入的增加,难以扩大再生产,甚至出现了生产出的农产品越多、亏损越严重的恶性循环,脱贫率难以提高。

(四)后续发展资金不足,扶持效果要打折扣

由于产业扶持项目效益的产生,需要配套资金,甚至长期投入。比如被列入云南重点产业之一的核桃产业,从种植到挂果,大概需要5到8年左右的时间,但是由于天气干旱,产业扶持项目资金"捉襟见肘",难以支付灌溉设施的修缮和维护费用,导致挂果周期越来越长,经济效益低。

五、经济互补联动与区域合作深度欠缺

相对于上海市,云南省地处边疆民族地区,受历史、地理、自然、人文等条件限制和影响,全省经济总量小,产业层次低,工业化、城镇化滞后,财政调控能力差,公共服务覆盖面不广,全面建设小康社会任务艰巨。对口帮扶合作地区普遍存在重帮扶轻合作的现象,经济合作深度、广度不够,两地经济合作平台功能发挥不足,对口区域合作功能作用不显著。经济联动与区域合作深度不足。滇沪帮扶合作过程中,存在重帮扶轻合作现象,两地经济合作深度、广度不够且平台功能作用发挥不充分,沪企在滇投资总量少、规模小、比重低,区域经济合作投资领域偏窄,双方互补优势和合作潜力尚未充分发挥。

(一)沪企在滇投资占比小,与帮扶结对关系不匹配

滇沪区域合作的现状与上海的经济地位不匹配。2015年实施经济合作项目191个,实际到位资金168.1亿元,尽管同比增长20.3%,但上海企业在滇投资占全省省外到位资金总量的3%以下,列省外在滇投资的第十位,与滇沪结对帮扶合作的地位不匹配。与滇沪对口帮扶形成东西协作品牌的地位相比,滇沪经济合作明显滞后。从2010年区域合作开始,上海累计投资到云南的资金646亿元,不及浙江商会在

云南2016年一年的投资到位资金量。当然,由于上海国有企业占比大,国有企业机制不灵活的"痼疾"一定程度上制约了滇沪经济合作。相比较而言,浙江的民营企业机制灵活,在区位、资源和利益等多重要素权衡下,找准商机,赴滇投资一直保持强劲态势。在倡导经济合作的背景下,"沪企入滇"呼声高涨,但是沪企赴滇考察洽谈的业务多,实际落地的项目少,落地企业的投资领域狭窄。例如在西双版纳州主要还是以房地产为主。"云品入沪"工作有所推进,但是尚未形成规模化、品牌化和国际化,还没有建设好国内外销售企业对接的平台。滇沪经济合作仍有较大的发展潜力和空间。深入州市有针对性的调查研究不够,还不能较全面地掌握项目的总体推进情况,有效解决遇到的问题和困难还不够及时。两省市园区之间的互动交流不够,多种形式的园区结对共建、产能合作工作做得不充分,有序推进产业转移效果不明显。

（二）推动经济合作动力不足,缺乏精准对接路径

开放型经济发展要求以项目为载体,企业为引资的主体,按市场经济规律运作,政府的职能是协调和服务,创造公平、公正、透明的市场环境,而不是直接参与和干预企业的决策。目前,滇沪对口经济合作中的招商引资仍主要依靠政府大包大揽,由政府组织大型招商团赴沪召开经贸洽谈推介会,形成合作意向,使企业难以真正自主决策,与培育企业成为面向市场的引资主体要求不适应。从云南到上海引资实际成效看,尽管参会单位不少,但能在会上达成投资意向的很少。有的临时草签投资意向,没有经过反复磋商考察,结果签约多,履约少,资金到位率不高。在推动滇沪经济合作方面,还存在方法不够灵活、形式不够新颖、有效措施不多以及思路上前瞻性不足等问题。招商引资工作还停留在办好两省市大型推介洽谈会的层面,有时甚至追求规模和轰动效应。

（三）项目落地服务不到位,对发展及投资动向把握不准

在合作项目落地和进展方面,深入州市有针对性的调查研究不足,对州市滇沪合作项目进展中的把关指导不够,还不能较全面掌握项目的总体推进情况,无法及时解决遇到的问题和困难,服务"缺位"制约项目合作开展。对滇沪经济发展趋势研究学习不够,去上海市开展招商合作活动的针对性有待加强。区域经济合作投资领域偏窄,双方互补优势和合作潜力尚未充分发挥。

(四)经济联动性差,区域合作互补优势未发挥

经济合作深度和广度不足,与长江经济带"龙头""龙尾"互动响应不足,合作空间广度和合作领域深度不足。在对口帮扶中缺乏创新,在经济合作中缺乏创意,双方未将云南面向南亚东南亚辐射中心的战略地位凸显出来,主动服务和融入国家"一带一路"、长江经济带战略的联动性差,经济合作领域偏窄,互补优势尚未充分发挥出来。

六、帮扶合作成本抬升且工作经费缺乏

在融入长江经济带的进程中,传统上的滇沪帮扶为滇沪区域合作奠定了坚实的基础,随着精准扶贫的推进,对滇沪帮扶提出新的要求。但是在滇沪扶贫开发的过程中,在精准扶贫的背景下,新的扶贫开发模式出现了一系列的困难和问题。整体而言,滇沪对口帮扶覆盖面窄、投入还显不足。

(一)脱贫攻坚呈现新特征,精准扶贫需求难以满足

经过二十多年的扶贫开发,普遍贫困问题已经初步解决。但是随着国家提高贫困标准至 2300 元(以 2010 年的不变价计),贫困人口大幅度增加,农村贫困发生率提高,而且现有的贫困人群多集中在生态脆弱区,生存环境恶劣,交通通达性差,且居住分散、脱贫致富手段不多,贫困人群呈现"多集中、少分散"的新特征。此外,例如迪庆藏区农牧民生活习惯而导致的恩格尔系数长期偏高,全州扶贫攻坚碰上难啃的"硬骨头",脱贫减贫任务艰巨。

（二）扶贫开发成本逐年增加，贫困群众脱贫难度增大

随着对口扶贫工作向边远地区不断延伸，由于这些地区自然条件、交通条件、人口素质等相对较差，项目区通路、通电、通水、教育、卫生等项目建设难度加大，投入成本高，加之地处边远，项目建设物资、农业生产物资以及农副产品等物资运输困难，加大了成本投入，改善群众的生产生活条件、增加群众收入举步维艰，贫困群众脱贫难度加大。

（三）帮扶合作缺乏专项工作经费，项目推进管理难

由于对口帮扶县域都是贫困地区，地方财力十分困难，都是依靠上级财政补贴，县级无法安排专项工作经费，对各级扶贫部门做好项目的管理工作十分困难，是当前反映比较突出的困难和问题。

滇沪对口帮扶作为国家精准扶贫的重要补充，对口帮扶所需的经费列入预算没有给予保证。在项目的实施过程中，一些费用如图纸设计费、质检费、监理费、地勘费及项目工作经费等都不能从项目的费用里支取，但在项目实际操作中，一些费用是实际产生的。由于缺乏培训经费和设备维修费用，影响了云南省开展的"白玉兰"远程教育培训工作的正常、可持续发展。对口帮扶中出现"又要马儿跑，又不给马吃草"，极大地影响了扶贫项目实施的效果。

（四）帮扶资金增量不多，覆盖面窄

随着帮扶项目向边远地区延伸，大量出现了二次搬运，建设成本不断加大。同时由于农村劳动力不断向外转移，群众投工投劳不足现象日趋凸显，投入需求矛盾较为突出。此外，集中办学、生态移民等新情况的出现，更是加重了新时期扶贫开发压力。但是滇沪对口帮扶覆盖面窄，投入力度不足。2016 年上海市 14 个区对口云南 8 个重点扶贫协作州市的 42 个国家级贫困县，4 个面上扶贫协作州市涉及 14 国家级贫困县。实际上，现在已没有国家级贫困县的提法，只有"贫困县"，对口帮扶的 8 个重点扶贫协作州市有 50 个贫困县，4 个面上扶贫协作州市有 20 个贫困县，共计 12 个州市 70 个贫困县。可见仍有 14 个"空

白"的贫困县未纳入重点扶贫协作之中。2015年,滇沪帮扶资金不到上海市对口帮扶资金总量的1/10(2015年上海市对口支援资金31亿元,援滇资金3.11亿元),不到援疆资金的1/6,与云南省扶贫攻坚面临的艰巨任务和实际需求差距较大。

第二节 障碍因素

一、长江经济带战略实施衔接不完善

长江经济带战略的确立,是为了解决我国东、中、西部经济发展不平衡问题,从沿海经济发展战略向中、西部经济发展战略转变。东部发达地区支援中西部不发达地区,为中、西部经济发展提供动力。在大战略框架确立以后,各省市对长江经济带规划将出台具体衔接实施方案,进一步贯彻落实。然而,缺乏顶层设计、区域协同创新,市场动力挖潜不力,深化滇沪合作面临一些困难和问题。

(一)区域合作缺乏顶层设计

在国家战略指导下,滇沪双方缺乏战略高度,未站在改革最前沿的上海市和沿边开放最前沿的云南省如何主动服务和融入国家"一带一路"、长江经济带等重大战略高度,缺乏抢抓自贸区和辐射中心建设战略眼光,没有深刻领会到国家东西部协作、服务"两个大局"的政策内涵,来系统研究如何深化滇沪区域合作。从长江经济带作为整体的流域经济,涉及面广,包括水、路、港、岸、产、城和生物、湿地、环境等多个方面。滇沪双方未能从战略到领域找到有效的路径。长江经济带在我国区域发展格局中具有极其重要的战略地位。"十三五"期间,是长江经济带战略全部布局、全面深入的重要时期。各个省市都有各自的五年发展规划,或更长跨度的中长期发展规划,但这些规划放在长江经济带整体发展中,都带有诸如各自为政、互不衔接等问题。要形成长江经

济带整体发展的合力及区域协同的合力效应,亟待国家层面有一个指导区域协同发展的中长期规划。

(二)深化滇沪合作缺乏协同创新

深化滇沪区域合作,需着力打造区域合作特色新模式,构建区域协同创新机制,形成区域优势互补、协调互动、共同发展和共同繁荣的制度安排和长效机制。但是滇沪双方政府没有积极协调,没有建立对口共建共赢的合作机制。加快融入长江经济带的建设意义重大,但是滇沪双方没能从全国发展的大局出发,组织领导不够重视,责任不够明确。在区域合作中,双方不敢大胆探索,先行先试,积极作为;职责分工不明,工作机制不健全,没有制定细化方案,没有出台具体措施,没有抓好政策落实,缺乏区域合作协同机制的创新。

(三)合作重点领域未取得重大突破

一是在融入长江经济带战略背景下,深化滇沪区域合作,应拓展帮扶合作的空间,实现空间全覆盖。但是目前滇沪帮扶合作未打破现有"4+2"的州市格局,空间拓展停滞不前,没能进一步拓展并覆盖全省16个州市。二是融入长江经济带战略,没有撬动社会民间力量参与滇沪区域合作,做大帮扶合作"蛋糕"。三是具体实施推进过程中,"云品入沪""沪企入滇"工程进展缓慢,离"百户千亿"行动计划目标还有一定差距。四是区域合作新平台搭建不足,在园区、边合区、跨合区共建以及沿边自由贸易区共建没能迈出实质性的坚实一步。五是滇沪区域合作在承接产业转移、促进产业转型升级、加强金融合作、文旅融合开发、支医支教和科技、文化等领域深度合作,尤其是制定出台区域产值、税收分成、环保容量调剂补偿、新增建设用地指标跨区域调剂使用以及构建长江经济带跨省域生态补偿机制等政策,滇沪双方没有系统研究,拿出对策措施和政策建议。造成滇沪仍然是以帮扶为主,经济区域合作不足,甚至有的形成相互排斥,经济发展没有联动发展。

（四）区域合作"飞地"模式仍不完善

长江经济带战略推进实施为滇沪双方发展提供了一个新的平台。但是"飞地"经济模式仍不完善,滇沪两个相互独立、经济发展存在落差的行政地区,由于认识不足,机制不全,滇沪双方还是没能打破原有行政区划的限制,未能有效开展跨空间的经济开发合作,没有形成资源互补、产能融合、经济协调发展的区域合作模式。未能系统建立健全税收分配机制,两地合作的广度和深度仍需要加强,还未形成区域优势互补、协调互动、共同发展和共同繁荣的制度安排和长效机制。

（五）政府主导型的区域合作机制缺乏市场动力

在传统滇沪帮扶与合作过程中,政府主导型的帮扶合作制度的安排具有明显的强制性特点。在融入长江经济带的背景下,滇沪区域合作更多层面上是基于市场机制,这样的区域合作也更具有持续动力。但是在滇沪双方主动服务和融入国家长江经济带战略中,区域合作的市场机制尚未健全,区域合作的"正和博弈"和包容发展理念尚未完全建立,市场的引导力不强,区域合作中的产业主导弱,没有形成资产为纽带的合作关系。区域合作的大格局尚未形成,主要表现为产业合作缺乏有机衔接,合作领域狭窄,区域合作层次低,区域联动格局尚未建立,开放合作力度不够。

二、区域合作体制与协作机制不健全

滇沪合作过程中管理体制不顺,部门协作机制不健全,整合协作机制不完善,制约着滇沪区域深度合作。

（一）机构设置不完善,管理体制不顺

一方面,从省级及州、市级看,滇沪对口帮扶合作领导小组工作机制尚未完善,工作落到实处难。云南省对口帮扶合作领导小组规格高,但办公室低配,行政级别不足,协调省级相关职能部门的难度增大。州、市级层面,涉及对口帮扶的州市,则将领导小组办公室设在州、市扶

贫办,涉及区域合作的州、市则把领导小组办公室设置在州、市招商合作局,省级与州、市级领导小组办公室之间的衔接、协调受"条条块块"的制约,跨部门协调工作量大。由于缺乏独立、专职负责的机构,造成部门沟通、协调机制不顺。另一方面,基层机构不完善。乡镇一级机构人员设置上一般有分管扶贫的副乡(镇)长,还有一位扶贫专干。部分贫困地区的乡镇扶贫干部人力不足,能力不足且工作任务重,部分贫困地区的扶贫专干与扶贫任务、扶贫资金管理的要求不相适应,项目申报、实施、管理和监测水平难以满足实际需要,扶贫专干的能力和素质有待提升。[①]

(二)部门协作机制尚未健全,统筹推进格局尚未建立

滇沪对口帮扶与区域合作涉及各级政府部门,部门间尚未形成有机整合、无缝协作局面,尚未建立多内容、跨部门整合协作机制,领导小组各成员单位配合省帮扶办开展相关业务的工作自主能动性不够。就现状而言,领导小组各成员单位仅仅停留在递交一份总结报告为主的阶段,对滇沪区域合作认识不足,认为这一政策的实施是扶贫办的工作;成员单位缺乏有效的路径被动地纳入到滇沪对口帮扶与区域合作的政策中;缺乏有效平台有机地激发各成员单位的积极性和主动性。

(三)帮扶合作互促机制尚未建立,合作挖潜不力

从新阶段东西扶贫协作和全省加快发展的新要求来看,滇沪对口帮扶工作主要还是按照中央的有关要求,完成滇沪政府间对口帮扶的"规定动作",对口帮扶合作还存在帮扶资金的引导性不够,帮扶项目在集中连片开发中的示范带动作用不够突出,仍存在重帮扶、轻合作的状况。部门对口合作功能发挥不够充分,企业合作投资总量偏少、规模偏小、合作领域窄,对口帮扶与区域合作相互没有形成并重的局面,深度区域合作还远远不足,滇沪双方互补优势和合作潜力尚未充分发挥。

---

① 张体伟:《发达地区对口援藏与云南藏区提升自我发展能力研究》,中国社会科学出版社 2017 年版,第 63、64 页。

（四）整合协作机制不完善，制约合作领域拓展

由于援助方与受援方之前在"条块"结合和沟通不到位，以至于"供需"双方在项目的安排上存在差异、出现重复建设等问题。各个部门的规划目标、资金到位、项目进度、实施效果等方面的差异，部门之间尚未形成有机整合、无缝协作的局面，尚未构建起多内容、跨部门的整合协作机制。例如，在上海与西双版纳的区域合作，两地经济社会协作的组织和管理上，双方分别由浦东新区人民政府合作交流办公室、西双版纳州招商局负责联络协调，解决合作交流中的具体事宜。西双版纳州招商局作为招商引资的职能部门，难以对双方合作交流事宜作全面协调和长远考虑，限制了经济协作向更宽领域拓展。同时，各职能部门组织实施合作项目，缺少一个统一的管理部门。在经济协作的项目组织上，每年由招商局负责起草双方合作协议，再由双方签字确认，一年一签，既无两地经济合作的长远规划考虑，也难以进行后续跟踪管理，对州市滇沪合作项目落地和进展不能全面掌握，导致经济协作中上海的人才、技术、资金、信息及现代企业管理方面的优势未能充分体现，没有形成有效的经济联动机制。2016年以来，两地由经济合作转为"重点扶贫协作关系"，如何延续以往的经济合作项目开展，同时将工作重心精准对接到脱贫攻坚上，需两地协作跟进及时调整。

（五）合作法制环境不健全，监督评估机制不完善

推进区域合作和促进一体化发展的法规体系不够完善，而破除地区保护、行业垄断和市场封锁的法律法规的实施一方面受到外部环境不完善的制约，另一方面也受到了自身不够系统和具体的影响。对口帮扶工作的组织落实、统计和督办力度还有待进一步加强，针对学习交流、挂职培训、产业扶持的考核评估内容还有待完善。另外，对口帮扶项目实施效果的绩效评价和激励机制缺乏，一定程度上影响帮扶工作的积极性。

三、平台建设滞后且要素未能有机整合

在融入长江经济带的背景下,区域合作需要有体制保障、机制协调、平台搭建,在滇沪融入长江经济带的进程中,双方的资源优势没有发挥出来,各种资源要素未能形成有机整合,资源的力量未能有效撬动,缺乏资源要素整合的平台。建立健全一系列行之有效的合作平台,是各种资源要素整合、形成合力的基础。

(一)社会参与平台建设滞后,尚未有效撬动民间力量

合作平台作用未得到充分发挥。部门合作不平衡,省级对口合作部门近20多家,仅教育、卫生、招商、商务、科技、金融等部门工作开展较好,大部分部门对口合作仅局限于干部培训工作层面上,未向行业和企业延伸。长期以来,4个州(市)26个帮扶重点县与上海各对口区仅限于实施年度帮扶计划项目,重帮扶、轻合作现象较为突出,对口区县和州市之间的互补优势和合作潜力尚未充分发挥。作为社会资本,民间力量在参与对口帮扶与区域合作过程中越来越发挥着不可替代的作用。例如,一定程度上弥补政府扶贫财力的不足、政府推动的不足,帮扶力量来源广泛,方式多样。对于云南贫困人口主要分布在深山区、石山区、高寒山区和少数民族聚居区的特点,民族习俗、经济社会发育程度、自然生态环境等方面的致贫原因较为复杂,政府大规模扶贫开发成本过高,而这正是社会民间力量帮扶大有作为的空间。作为政府推动力的重要补充,社会民间力量可自觉地承担起社会责任,坚守"利他主义"价值观,在对口帮扶合作中,关注特定贫困群体特有的需求,效率高、敏感性强、富有创新激情,但缺乏强大的资源动员能力和公共服务的供给能力。由于缺乏中间联络平台,社会民间力量尚未被有效撬动起来并纳入到滇沪对口帮扶与区域合作之中,更多广大的社会帮扶力量尚未整合进来,被排斥在外,社会合作挖潜不力。缺乏联络互助的平台,全社会参与区域合作不足。滇沪对口帮扶合作中,尚未有效发挥联

合会、协会等民间组织以及民主党派、社团、工商联的桥梁纽带作用,尚未充分挖掘上海老知青对滇深厚的"知青情结"和现有的人文、人脉社会资源作用。[①] 这个空间非常大,但是没有注意到这个层面工作的重要性,没有做好搭建桥梁纽带的基础工作,筹建的滇沪对口帮扶与合作促进会作用发挥有待进一步提升;滇沪缺乏在教育、卫生、人才培养等领域的协调、联络和组织机构。

(二)重心下移结对效果较好,但缺乏顶层设计

滇沪基层乡镇及街道办事处已掀开了结对帮扶合作的序幕,例如在滇沪对口帮扶框架下,上海市的金山区对口帮扶普洱市宁洱县先行先试,在区县合作框架下,已有5对乡镇或办事处结成对口帮扶友好乡镇,不仅相互往来,还积极参与对口帮扶合作工作,成效比较明显。但是高层缺乏顶层设计,没有及时统筹和强化沟通,乡镇及街道办事处结对帮扶合作的参与机制和平台尚未真正建立。

(三)部门间资源力量整合不足,挖潜不力

滇沪对口帮扶教育、卫生等部门之间已经建立了部门合作的一些机制,但是其他党政职能部门相互往来较少,没有职能部门合作联动机制,无法发挥滇沪资源优势。对于民营企业、社会组织和公民个人参与滇沪区域合作政策配套不完善,动员机制不健全,没有形成政府、市场、社会协同联动推进的帮扶合作格局。政府以完成中央下达的指标任务为主;市场这只"看不见的手"在资源和要素配置中缺位、市场失灵;社会个人没有参与区域合作的路径。工青妇、工商联、沪滇合作促进会、商会、企业家协会等社会组织交流合作不足,没有汇聚各方智慧和力量,缺乏区域合作创新活力。

(四)资源平台建设滞后,区域要素流动配置不畅

长江经济带在提升长江绿色生态、立体交通走廊、产业转型升级、

---

① 张体伟:《发达地区对口援藏与云南藏区提升自我发展能力研究》,中国社会科学出版社2017年版,第68、69页。

新型城镇化、创新区域协调发展等方面具有重要的意义。但是,滇沪作为经济带的"龙头"和"龙尾",缺乏资源、技术和人才交流共享的要素平台。资源要素交易中心建设滞后,要素流动和配置不畅。具体以生态环保合作为例,在融入长江经济带的进程中,倡导环境保护合作是重要的一个环节。但是,在推动区域环保合作中尚未建设好合作平台,没有建立环境交易所,没有建立环境要素交易中心,在长江绿色廊道建设中以及滇沪区域合作中,没有建立碳汇交易所,没有完善碳税改革,碳交易制度尚未形成,制约了滇沪生态环保深度合作。另外,尽管两省市有干部挂职交流和锻炼培养机会,但是人才的需求和供给之间存在不匹配,教育、卫生、农业、环保、科技、金融、城市规划、管理等方面的人才培训和交流的平台尚未系统健全。

四、投资领域狭窄且产业发展动力不足

云南省拥有丰富的文化资源,包括历史文化资源、民族文化资源和新兴文化资源,全省的文化旅游、影视动漫、民族演艺、会展节庆、体育产业等文化资源特色鲜明。例如昆明古滇国、广南地母、元谋古人类、曲靖三国等十大历史文化旅游项目的实施,正在推动云南从"民族文化大省"向"民族文化强省"迈进。但是整体上,以滇沪帮扶为主的滇沪区域合作,资金投入领域固化,扶持传统产业为主,对新兴产业的培育和传统产业的发展动力不足。

(一)环保等要素制约,投资领域较窄

市场经济主导的滇沪区域经济合作过程中,由于受土地、环保以及人才等要素制约,产业开发水平低,基础差,难以同上海开展产业合作。合作的产业多以房地产业居多,工业、金融服务业等其他产业合作较少;开发的产品品牌特色不明显,价格高,生产规模小,无法持续供货,缺乏竞争优势;投资领域比较狭窄,导致招商引资的项目不多,成功的更少。滇沪合作的互补优势尚未充分发挥出来,以市场为导向,以产业

为主线,以资产为纽带的区域经济合作格局尚在建设之中。

(二)产业结构单一,群众增收困难

农村经济来源主要依靠第一产业,第二、第三产业收入比重不大,收入渠道狭窄,结构单一,贫困地区群众增收困难,发展不平衡,重点县与非重点县、边境县与内地县收入差距较大。例如,2015年全省73个国家级扶贫开发重点县农民人均可支配收入7368元,25个边境县农民人均可支配收入7647元,与全省平均水平的8242元分别相差874元和595元。滇沪对口帮扶区域合作,主要沿袭以对口帮扶为主,帮扶领域相对比较狭窄,到目前为止,区域经济合作拓展不力,直接影响了滇沪合作与帮扶区市之间的互利互惠。增收产业培植艰难,贫困群众增收乏力。云南省贫困地区主要收入来源为种植粮食作物和养猪,少数农户养羊或种菜,从事第三产业的极少,没有发展经济的支撑产业,群众增收门路少。人多耕地少,产业结构调整用地难以保证。例如文山州岩溶山区人地矛盾非常突出,人均耕地0.8亩,最少的只有0.3亩且零星分散。农业产业结构单一,没有稳定增收的主导产业,加工业、运输业、手工业支撑不够。如何在对口帮扶过程中结合产业导向,长短结合,选准产业,精准对接建档立卡贫困户,形成带动面大的支柱产业,提升帮扶地区“造血”功能,助推贫困农户脱贫增收,仍是滇沪对口帮扶需要着力解决的问题和难点。

(三)重基础设施建设,轻产业扶持

整村推进是目前对口帮扶工作的重中之重,六大建设内容中首选就是“改善群众生产生活条件的基础设施建设”。虽然也对产业化提出了具体意见,但具体落实起来,基层政府都会把整村推进中的基础设施建设作为首选。由于以改善群众生产生活条件为目的的基础设施建设,是目前重点扶贫村在发展过程中迫切需要解决的问题,也是新农村建设的重要内容,因此在实际工作中,这些村庄对于基础设施建设要求尤为迫切,扶贫资金被用于修路、修渠等也成为不二之选,相比较而言

对于发展产业的积极性不高。尽管编制项目规划时,每年扶贫部门都要把发展一定的产业项目作为硬性规定,但是由于扶贫资金的有限性,投入产业项目的资金依然是"杯水车薪"。

(四)招商优惠政策少,扶持政策力度不足

云南省从上海市引资项目,在享受国家普惠政策,包括产业结构调整、再就业、自主创新、扶持环保产业等政策以外,主要是享受西部大开发优惠政策,主要内容是对设在西部地区的鼓励类产业企业减按15%的税率征收企业所得税,进口自用设备免征关税和进口环节增值税等。但由于全国各地竞相优惠,已形成普惠,政策差异越来越小,很难依靠政策优惠形成新竞争优势。

(五)建设用地保障度低,限制了项目落地

一方面,云南省的土地资源稀缺,可供建设用地有限。以景洪市为例,到2020年期末,景洪市耕地保有量规划约束性指标为108万亩,而目前实际耕地保有量为96.9万亩,明显低于规划保护指标。在新增建设用地方面,上级下达给景洪市到2020年期末新增建设用地规划约束性指标为2.4万亩,但该指标还不到近3年用地需求的30%。另一方面,新上项目以房地产居多,产业项目少,成功项目更少,难以起到示范带头作用,产业支撑作用不明显。

第三章　融入长江经济带战略与深化滇沪合作面临的形势及思路、重点

在系统回顾滇沪合作历程、现状和面临的问题、制约因素的基础上,为促进滇沪融入长江经济带战略与深化区域合作,需要从机遇和挑战方面简要地分析面临的形势,提出总体的合作思路和合作的重点。

第一节　面临的形势

长江经济带战略的实施,将同在长江经济带上的滇沪合作提到了支撑国家统筹协调发展、形成沿海与中西部良性互动与相互支撑的新格局和新高度,并为滇沪深化区域合作指明了新方向。总体来看,长江经济带战略不仅为新时期滇沪合作提供了难得的历史发展机遇,同时也带来了一些新挑战,但整体上机遇大于挑战。

一、机遇

(一)长江经济带战略的发展定位为深化滇沪合作奠定了空间机遇

党的十八届五中全会提出"推动区域协调发展,打造东西双向开放的新格局"。长江经济带战略正是落实这样的理念思想的具体实施。2016 年 9 月《长江经济带发展规划纲要》提出的"深化向东开放,加快向西开放,统筹沿海内陆开放,扩大沿边开放"的"陆海统筹、双向

开放"原则①,为明确定位、进一步深化新时期滇沪区域合作指明了方向。

长期以来,滇沪对口帮扶开启了两省市合作的先河,奠定了合作的良好基础。《长江经济带发展规划纲要》则明确指出,立足上中下游地区对外开放的不同基础和优势,因地制宜提升开放型经济发展水平;发挥上海及长江三角洲地区的引领作用,加快复制推广上海自贸试验区改革创新经验,将上海自贸试验区打造成服务贸易创新政策先行区;将云南建设成为面向南亚东南亚的辐射中心,加快推进与周边基础设施互联互通及跨境运输便利化,以昆明为中心构建面向南亚东南亚的进出口集散网络,加快云南沿边金融综合改革试验区发展,推进相关重点开发开放试验区建设。

长江经济带战略对滇沪两省市的战略定位以及发展要求,进一步凸显了上海和云南两省市作为长江出海口和源头、向东开放门户和向西开放辐射中心的空间区位优势,也在全国东西协作、区域合作中进一步聚焦在长江经济带这一空间范围,具备深化两省市区域合作、支撑国家发展战略实施的双重价值。从空间上看,上海作为全国对外开放的前沿,一直以沿海"窗口"形象引领全国向东、向全世界开放,在自由贸易区建设方面进一步引领全国对外开放创新,并积累了丰富的可复制、可借鉴的经验;而云南作为"一带一路"和长江经济带的交汇点,以及新时期全国内陆向西南开放的新"门户",仍然处于起步、探索阶段。随着发达国家贸易保护政策的推行以及我国与南亚东南亚国家关系的日益紧密,云南作为全国面向南亚东南亚开放的辐射中心建设亟须加快、急需支持,而上海积累的对外开放经验恰恰可以提供支持与借鉴。如此一来,长江经济带战略的实施,将为进一步拉近滇沪的海陆空间距离、扩大东西开放水平、提升"窗口""门户"开放形象提供千载难逢的机遇。

① 新华社:《〈长江经济带发展规划纲要〉重点布局三大城市群》,新华网 2016 年 9 月 12 日。

（二）长江经济带战略的目标任务为深化滇沪合作拓展了市场机遇

围绕着"陆海统筹、双向开放"原则及与"一带一路"建设深度融合的全方位对外开放新格局基本形成，进一步增强发展的统筹度和整体性、协调性、可持续性；城镇化率达到60%以上，人民生活水平显著提升，现行标准下农村贫困人口实现脱贫等目标；长江经济带战略提出了完善交通基础设施、引导产业有序转移、统筹城乡发展、推进基本公共服务合作等任务。这些目标任务的执行为深化滇沪合作拓展了市场机遇。

新时期深化滇沪合作始终需要立足优势互补、互利双赢的基础之上。从经济、产业、生态、城镇化建设、脱贫攻坚、基本公共服务、交通基础设施等方面来看，滇沪合作具备较强的互补效应，以市场经济为基础的区域合作空间巨大。

从经济上看，滇沪虽然在经济规模、经济形态、人均居民消费水平上差距巨大，但互补性也较为突出。2015年，上海人均GDP达103796元、人均居民消费达45815.7元、外贸进出口总额达334.11亿美元（其中，出口总额142.61亿美元），而云南人均GDP仅有28806元、人均居民消费仅有13400.5元、外贸进出口总额245.27亿美元（其中，出口总额166.26亿美元），上海人均GDP、居民消费和外贸进出口总额分别为云南的3.6倍、3.4倍和1.4倍。这些差异可以为进一步深化滇沪合作创造机遇。经济规模差距可以形成发达地区带动欠发达地区发展的良好局面。经济形态差距可以促进正在发展外向型经济的云南向外向型经济成熟的上海学习、借鉴和"靠拢"，通过经验借鉴或经济联系拉动云南发展。人均居民消费差距可以看出滇沪在新常态下引导消费的合作空间，可以引导消费潜力巨大的上海群众将消费地区转移至云南，拉动云南消费经济发展。

从产业上看，滇沪在产业结构、产业层次、产业发展水平等方面存在较强互补性。就产业结构来讲，2015年，上海三次产业已经形成了"三、二、一"的良好态势，三次产业结构比重为67.8：31.8：0.4，呈现出现代服务业非常强大的优势;同时,云南三次产业虽然也形成了"三、二、一"的态势,但结构比重是 15. 1∶39. 8∶45. 1;尤其是从以工业为主的实体经济和以金融业为主的新兴服务业来看,上海分别是云南的 1. 9 倍和 4. 2 倍①。上海市的工业优势主要集中在制造业,尤其是在汽车、船舶及航空航天设备、医药、橡胶和塑料等高端制造业以及食品制造业上,而云南省则在高端装备制造方面处于发展初期,且食品制造和农副产品制造多以资源型、原料型、低值型的初级品为主。按照国家对上海重点发展高端产业、高增值环节和总部经济,加快培育以技术、品牌、质量和服务为核心的竞争新优势,率先打造开放型经济升级版的新定位,以及对云南着重发展以昆明为中心的加工贸易、保税物流、跨境电子商务等业务的新要求,滇沪在产业的有序转移与承接、构建加工贸易和金融合作链条、构建引领跨境电子商务和国际贸易发展的规则体系等方面具有广阔的合作空间。滇沪以技术、资本、品牌与资源、产品有机结合的合作,可以充分发挥滇沪的产业优势和区位优势,形成发达地区带动欠发达地区、全产业链分工协作的良好局面。

　　从生态上看,云南位于长江上游源头,属于国家的生态安全屏障,而上海处于长江下游,是生态的受益者之一。从生态的公共产品属性来讲,长江经济带沿线的上中下游省(自治区、直辖市)都有保护和享受良好生态的责任和义务,而上游的云南则要承担更多的保护责任。因此,为进一步激发保护生态的积极性,长江经济带沿线地区需要探索实施相应的跨区域生态补偿机制。滇沪可以通过建立生态基金、转移支付、绿色产业技术、生态治理等方面合作,为生态义明建设先行示范带建设提供经验与借鉴。

　　从城镇化发展上看,上海是全国城乡一体化发展较好的地区,且集中了一大批理念先进、成绩卓著的城乡规划设计单位与人才,而云南正

---

①　根据《中国统计年鉴 2016》相关数据整理计算。

处于加快新型城镇化和统筹城乡发展的阶段,城乡规划优秀人才严重短缺。因此,滇沪在城乡规划培训、交流、设计、建设等方面具有深度合作的空间。云南可以借助上海城乡规划优秀人才、先进理念、科学方法等,与本地特色民族文化有机结合,更好地建设具有历史、地域、民族特点的美丽村镇。

从脱贫攻坚上看,滇沪对口帮扶已经成为全国脱贫攻坚区域协作的"品牌",也是滇沪长期合作的基础性工作。随着国家精准脱贫的深入实施以及脱贫工作重心逐步向产业扶贫转移,滇沪对口帮扶合作还需继续深化和创新,在巩固特殊区域、特困民族、特殊群体帮扶的基础上,更加注重产业扶贫工作,逐步由"输血式"扶贫向"造血式"扶贫转变、由政府主导投入型扶贫向企业引领带动型的扶贫转变,以"公司+基地+合作社(贫困户)"等途径,引导扶持特色产业发展,逐步增强云南贫困群体的自我发展能力。

从基本公共服务上看,滇沪在享受地区教育、医疗卫生、社会保障等基本公共服务方面差距悬殊,上海集中了全国最优质的教育、医疗卫生等资源,由于地区经济社会发展水平的差异,上海的基本养老、基本医疗等保险标准比云南高出很多。虽然推进基本公共服务合作发展是长江经济带区域协调发展的重要内容,但在当前基本公共服务区域化的背景下,滇沪需要通过体制机制创新来开展基本公共服务合作。在教育方面,上海可以通过市场开展优质教育资源合作,以人才培育、短期交流、网络同步、设立分校、共同公关等方式与云南各高等院校、职业院校、中小学校教育等开展全方位的合作。在公共文化方面,可以通过互联网技术,加强滇沪数字图书馆、数字档案馆、数字博物馆等的协同开发和资源共享。在医疗卫生方面,继续强化滇沪合作共建、对口支援、远程医疗等措施,提升云南基层、贫困地区医疗卫生服务能力和水平;以市场方式彰显其医疗卫生先进水平优势到云南开办分院、合作办医,通过远程医疗、建立跨区域双向转诊和同级医疗机构检查结果互认制度深化双方合作。在社会保障体系方面,在全国医保互通和跨省结算基础上,滇沪可以进一步加大创新力度,实现两省市基本养老保险、基本医疗保险等社会保险关系转移接续。

从交通基础设施上看,在现有轨道交通建设合作的基础上,上海可以继续深化合作领域,充分利用云南"五网"基础设施建设的机遇,以技术、资本、人员等优势采用 PPP 模式扩大至港口、码头、高速公路、通用机场等建设领域,实现滇沪企业和社会互利共赢。

(三)长江经济带战略的保障措施为深化滇沪合作提供了政策机遇

滇沪合作在国家长江经济带战略的总体框架下,受长江经济带发展领导小组统一指导和统筹协调。长江经济带发展领导小组将会对滇沪合作的领域、内容、进度等情况进行督促检查,及时帮助解决工作中存在的问题,制定相应配套政策,并对重大事项和重点工程进行动态跟踪,对规划目标开展监测分析,做好督查评估。这些将为继续深化滇沪合作提供强有力的组织保障。

滇沪合作遵循《长江经济带发展规划纲要》的相关要求,并按照《重点任务三年滚动计划》的相关内容,开展相关合作。《长江经济带发展规划纲要》和《重点任务三年滚动计划》是长江经济带建设的顶层设计,为进一步深化滇沪合作提供了宏观指导及具有操作性的实施方案,并为继续深化滇沪合作提供了丰富的制度保障。

二、挑战

(一)长江经济带战略环境硬约束为滇沪深化合作带来了严峻挑战

长江经济带战略明确将"生态保护、绿色发展"作为首要原则,并在《长江经济带发展规划纲要》中指出,"把保护和修复长江生态环境摆在首要位置,共抓大保护,不搞大开发,全面落实主体功能区规划,明确生态功能分区,划定生态保护红线、水资源开发利用红线和水功能区限制纳污红线,强化水质跨界断面考核,推动协同治理,严格保护一江清水,努力建成上中下游相协调、人与自然相和谐的绿色生态廊道"。

作为长江源头的云南,长期以资源型产业、重化工业等主要产业为主。长江经济带建设的环境硬约束,将进一步推动云南产业结构转型升级。转变以资源消耗、环境污染为特点的产业结构,对于云南来讲,短期是阵痛,长期则是更为严峻的挑战。因此,滇沪合作需要更加突出资源节约、环境友好的特点,严格遵循国家主体功能区规划,以环境承载力为基础,不断推进落后过剩产能的淘汰工作,选好重点合作领域,选优转移和承接产业。选好领域与选优产业的过程,将直接影响云南资源型产业优势的进一步发挥,也大大削减了滇沪经济合作的领域范围,同时以环境保护为基础的产业选择也将增加市场主体的经营成本,对双方深入合作提出了严峻挑战。

(二)交通基础设施建设滞后对滇沪深化合作提出了严峻挑战

虽然滇沪人情相依,但2500多公里的空间距离,加上高速公路、江河运输、高速铁路等交通基础设施建设滞后严重影响了两省市经济合作,尤其是增加了较大的物流成本。目前,沪昆高速铁路虽已全面开通,但是2700多公里的路程大大增加了运输和时间成本,而且沿线各省路况差异较大,对一般产品的流通带来巨大压力。而航空和2016年年底刚刚通车的沪昆高速铁路更加注重"人"流,对纯"物"流仍然具有很大的开拓空间。尽管滇沪同在长江之上,但是长江黄金水道干线航道仍然存在"肠梗阻",下游"卡脖子"、中游"梗阻"、上游"瓶颈"问题突出,尚未形成通畅的江河运输体系。特别是云南段港口、码头、停靠点等基础设施建设严重滞后,且尚未形成江路联运、铁水联运、公水联运的有效衔接,也进一步增加了物流成本。

(三)一体化市场体系加剧了滇沪深化合作的外部竞争

长江经济带战略强调建设统一开放、竞争有序的现代市场体系,将实施统一的市场准入制度和标准、统一的基础设施共建共享机制、统一的开放有序的运输市场体系等,不搞"政策洼地",不搞"拉郎配"。作为西南边陲,云南在长江经济带战略中属于次区域中心,即以长江三角洲城市群、长江中游城市群、成渝城市群为主体的"三极"以外的"多点"城市建设范畴,在资金、项目、人才、技术等方面整体上就落后于其他沿江中东部省区。按照沿江综合立体交通走廊为支撑推动各类要素跨区域有序自由流动和优化配置的要求,云南处于长江走廊的末端,在承接产业转移、吸引人才与资本等方面与中东部省区将存在较大的竞争劣势。从某种程度上讲,长江经济带一体化市场体系建设将进一步凸显上海的"引领"地位和"谈判"话语权,从而加剧云南与其他省区竞争的激烈程度。

第二节　总体思路

按照"五位一体"总体布局和"四个全面"战略布局,贯彻落实创新、协调、绿色、开放、共享的发展理念,主动服务和融入"一带一路"、长江经济带战略,坚持优势互补、利益共享、合作共赢原则,以增强"双向开放"能力为目标,以市场为导向,以供给侧结构性改革为主线,以对口帮扶为基础,以经济合作为重点,按照"一大衔接、两手发力、三位一体、四大机制、五大保障"的总体思路,加强协调联动,完善平台载体,创新政策机制,持续提高对口帮扶绩效,拓展合作空间,着力打造我国创新驱动转型发展的典型示范和东西互动合作联动发展的样板,为国家推动长江经济带战略实施提供有力支撑。

一大衔接:促进滇沪主动服务和融入长江经济带战略,并与云南"三大定位"有机衔接,强化对口帮扶,深化区域合作。

两手发力:利用政府这只"看得见的手",做好顶层设计和健全体制机制,加强协作共推,加大帮扶合作投入,并与脱贫攻坚精准对接;利用市场这只"看不见的手",促进资源要素配置精准,推动企业合作、产能协作、园区共建和利益共享。

三位一体:通过社会事业合作、经济产能合作和生态环保协作,"三位一体"重点突出脱贫攻坚与产能合作,精准对接并继续巩固教育、医疗、科技、文化等社会事业合作成果,共同打造长江经济带绿色廊道,共筑生态安全屏障。

四大机制:建立健全省际经济合作协调机制、省际合作利益共建共享机制、聚焦精准扶贫完善对口帮扶机制、强化提升自我发展的内生动力机制,借外力、强内生、促合力,完善滇沪合作机制。

五大保障:从财政及投融资政策、产业政策、土地政策、生态环保政策和人才政策等方面,为融入长江经济带战略和深化滇沪合作提供政策支撑保障。

第三节　合作重点

根据长江经济带战略下滇沪深化合作的总体思路,未来一段时期,滇沪合作可以重点突出脱贫攻坚、产业合作、生态建设、社会事业等领域。

一、脱贫攻坚

脱贫攻坚是滇沪对口帮扶的核心内容与基础。在国家深入实施精准扶贫、精准脱贫的新背景下,滇沪对口帮扶工作需突出"精准",突出和尊重云南的区域主体和贫困户的脱贫主体作用,切实调动两类主体的积极性和主动性,协助激发其精准帮扶的内生动力,切实提高脱贫攻坚帮扶绩效。

(一)进一步完善对口帮扶机制

围绕云南 2020 年实现脱贫攻坚的目标,坚持精准扶贫、精准脱贫基本方略,本着"上海所能、云南所需"的帮扶原则,依托高层互访、部门联席会议、对口帮扶区县、办公室日常沟通、挂职干部交流等载体,积极发挥滇沪帮扶合作促进会的作用,以贫困县、贫困乡(镇)、贫困自然村为重点,积极推进帮扶责任下移,形成部门结对帮扶、基层乡镇结对帮扶的新局面。继续扩大对口帮扶贫困县规模,实现 8 个重点扶贫协作州(市)所辖 50 个贫困县全覆盖,拓展空间,将 4 个"面"上协作州(市)所辖 20 个贫困县也纳入重点扶贫协作之列。建立精准对接机制,加强两地对口帮扶合作领导小组成员单位间的沟通交流和对接合作,深化两地对口帮扶州市和区县之间的沟通交流机制,探索建立产业园区对口合作、行业协会、企业和民间组织之间的交流合作机制。进一步加大特殊困难群体帮扶力度,进一步加大支援迪庆藏区力度,支持迪庆藏区建设全国藏区跨越发展和长治久安示范区;继续巩固提升德昂族等人口较少民族和"直过民族"的帮扶成果,加大扶持力度。

(二)着力提高贫困群体脱贫绩效

在兼顾"面"上扶贫的同时,将建档立卡户的"点"的精准脱贫纳入对口帮扶绩效评估的范围。根据"五个一批"的进度安排,为滇沪对口帮扶的贫困乡镇、贫困自然村的建档立卡户设立"第二包帮"责任人,在易地搬迁、医疗卫生、劳动力转移就业、教育、社保兜底等方面优先安排上海方的资助。另外,结合实际,减少上海派驻到各州(市)、县的支教老师、医生等"顶岗"工作时间,着力培育成学科或技术带头人,提升当地医疗与教育整体水平的"火种",更大限度地提升对口帮扶贫困县整体脱贫效果。

(三)深入探索产业扶贫新模式

随着当前脱贫攻坚重心向产业扶贫转移,滇沪对口帮扶也需要更加关注产业扶贫。在"千企帮千村"的基础上,着力推进沪企与当地主导产业、主导产品进行衔接,协助建立基地、农民合作社等,以协议的形式保底收购与销售,并积极促成就地加工,借鉴上海帮扶文山采用的产业资金滚动使用及资金互助社模式、上海光明食品(集团)有限公司在西双版纳农业产业化帮扶中采用的经营权和所有权"两权"剥离模式、上海在怒江州帮扶独龙族采用的"文旅融合"帮扶模式等创新做法,促进贫困群体分享产业发展的增值收益。

(四)继续提高教育卫生人才领域的帮扶力度

继续深化教育对口帮扶,不断扩大中小学、高等院校、职业技术院校等帮扶与协作,着力推进"校校结对"帮扶机制,学前教育帮扶合作先行先试;借鉴上海市中小学、高校开办内地新疆班、西藏班的做法,开办"云南班",积累经验后,扩招"云南民族班";恢复支教机制,将支教老师作为贫困地区学科带头人,带动提升当地教师整体水平。以就业技能培训为切入点,把建档立卡贫困户务工就业和技能培训作为帮扶合作的重点,帮助云南省职业教育加快发展。继续深化医疗卫生对口帮扶,着力推进"院院结对"帮扶机制,拓展延伸到省州市级医院,推动医疗卫生合作共建;扩大"白玉兰"远程培训网络;降低培训门槛,加强医疗卫生人才培养。加大文化帮扶合作力度,新援建一批科技文化站、村民活动室、社区服务中心、远程网络终端等公共服务设施,共建一批文艺交流与合作基地。继续推动人才干部队伍培训,延伸科级干部到沪挂职交流机制,加大地方重点领域急需紧缺人才和少数民族人才培训力度。

二、产业合作

产业合作是以市场经济为基础、以互利共赢为前提的经济合作,也是二十多年来滇沪对口帮扶协作的"短板"。因此,在长江经济带战略与"一带一路"建设中,充分挖掘滇沪双向开放的潜力,寻找产业合作协同的机遇,彰显各自优势,进一步推进滇沪区域合作迈上新台阶。

(一)进一步拓展产业合作领域

顺应经济发展规律,立足资源禀赋和产业基础,以市场为导向,充分发挥上海市人才、信息、金融、市场与云南省区位、资源、生态、民族文化等方面的互补优势,围绕云南八大重点产业建设,积极拓展滇沪产业合作新空间。进一步拓展高原特色农业市场合作,继续巩固"云品入沪"成果,加大在沪举办高原农特产品推介活动力度,着力建设与上海大型连锁超市和农产品交易企业有直接贸易的农产品基地。进一步深化能源合作,在"西电东送"的基础上,依托云南水电、风电、太阳能发电等电力丰富的资源,继续加大对以上海为首的长江三角洲地区的输送电力度。瞄准上海科技、资本、人才、信息、医疗、市场等优势,着力吸引上海企业参与云南生物医药和大健康产业、旅游文化产业、信息产业、现代物流产业、新材料产业、先进装备制造业、食品制造业等产业的建设。深入推进"沪企入滇"和"百企千亿"工程,争取把云南列为上海产业转移目标地,引导企业参与云南生物产业、基础设施、新能源、文化旅游等领域的合作开发。支持双方文化产业合作,共同开发民族特色文化产业。鼓励双方拓展旅游产品推广、农副产品和特色手工艺品销售渠道,在展销平台和电子商务网络搭建等方面开展互利合作,推进两省市品牌旅游景区及精品旅游线路合作开发。

(二)积极推进产能合作

立足面向南亚东南亚的辐射中心建设,云南以大湄公河次区域、孟中印缅经济走廊涉及国家市场需求为依托,以云南的跨境经济合作区、边境经济合作区、沿边金融综合改革试验区、综合保税区为平台,加大上海精准招商引资力度,创新招商方式,探索拓展金融招商、产业招商、股权招商等投融资领域的合作,积极选择和承接上海以食品、汽车、机械、轻化、轻纺等制造为主的中端层次制造业和以信息、金融为主的生产性服务业。

(三)着力打造滇沪产业合作品牌

深入推进滇沪对口帮扶合作机制,全面推进上海与云南6州市建立全方位、宽领域、多层次的双边经济合作关系,加快推进上海与滇中新区开展深度合作。着力加强金融合作，积极开展滇沪金融干部培训与金融机构合作，积极探索两地外资金融机构合作的新模式，实施"金融沪企入滇"工程，加快昆明区域性金融中心和云南沿边金融综合改革试验区建设。

三、生态建设

围绕长江经济带绿色廊道建设，探索滇沪跨省域生态补偿区域合作机制。一是建立两省市生态资源、修复与保护数据库。围绕作为长江源头的云南生态资源的碳汇价值、生态保护成本、生态修复资金、生态屏障建设资金、水环境污染和治理等开展基础数据的收集与整理，建立双方共享共开发的生态建设数据库，为开展跨省域生态补偿提供支撑。二是积极探索跨区域生态补偿机制。以数据库为依托，集中两地科研院所、高等院校等资源，探索实施两省市跨区域生态补偿机制，尤其是在补偿标准、补偿方式、执行措施、监督考核等方面取得进展。

四、社会事业

在滇沪对口帮扶的基础上，以教育、医疗卫生等为重点，结合云南教育产业化和大健康产业发展的需求，继续深化多层级交融式合作。

（一）探索开展教育产业化合作

鼓励上海中小学名校到云南开办分校，不断提升云南义务教育质量与水平。支持上海高等院校与云南各类高等院校开展协同创新、人才交流、学科共建、学生互访等形式的合作，持续提升在滇高等院校学术水平和影响力。支持上海各类职业院校与云南大中专职业院校开展技能、学科、学生等方面的交流与合作，加大职业院校"国培计划"访沪力度，不断提升云南职业院校办学层次和水平。

（二）积极探索医疗卫生与大健康产业合作

继续深化滇沪医疗卫生交流合作，不断提高项目规划建设的配套性、支援政策的持续性以及交流培训的可及性与适用性。鼓励和支持上海优质医疗资源到云南投资投产,依托云南天然药物资源、中医药资源、民族药物资源等优势,深入开展医疗技术、医药研发、养老、养生、康体等合作,提供和丰富市场多样化健康服务和产品,着力拓展面向南亚东南亚的生物医药和健康服务业务。

第四章　滇沪经济合作重点领域及路径选择

云南自古就是我国通向南亚东南亚的重要门户，是国家"一带一路"战略的重要节点，是面向南亚东南亚的辐射中心。云南与上海外向型经济的优势叠加效应将更加突出，经济联动空间将不断拓展，区域合作深度将不断深化。服务"一带一路"和长江经济带建设，坚持承接产业转移与优化升级相结合，积极引导上海生产要素向云南转移，创新探索新时期经济合作的重点领域和新路径，推动滇沪经济合作由最初的产业帮扶向新阶段的产能合作、园区平台共建层次深度推进。通过产业帮扶、产能合作、园区平台共建等三大路径，推进滇沪经济合作，创新省级合作协调发展体制机制，形成一批集中度高、关联性强、市场竞争优势明显的绿色产业集群和产业基地，促进云南、上海产业联动发展，将云南打造成长江上游的重要经济增长极。

第一节　深入推进产业帮扶合作

立足资源禀赋和产业基础，以市场化为导向，突出产业化经营，充分发挥上海资金、技术、人才、信息、管理、市场等优势和云南贫困地区资源、劳动力、民族文化、生态环境等优势，提高产业帮扶资源对接的精准度，扩大产业帮扶的受益面。

一、推进文旅融合

将发展规划与旅游发展相结合。结合整乡推进规划、村庄发展规划和产业帮扶规划,借鉴上海产业帮扶怒江州独龙族在普卡旺"文旅融合"扶贫模式,把发展民族文化旅游作为助推脱贫攻坚的一项重要举措。强化组织领导,统筹规划布局,明确民族文化旅游产业发展的工作举措。出台文化保护传承等规定,为保护民族文化构建强有力的法制保障体系。抓好旅游文化载体建设,开设民族文化传承课,加强文艺骨干和非遗传承人的培训,组建原生态文艺团队等,加大培养民族文化人才力度。加强旅游基础设施建设,尤其是提升改造村庄道路,高标准规划设计停车场,打通水、电、网。

深度挖掘民族文化,突出差异性和体验感。聚焦亮点,把独具特色的民族文化资源转化为旅游产业资源,打造文化产品,通过文化的渗透,提升旅游产业发展质量。云南通过与上海合作方高位规划旅游小镇、展示基地、旅游休闲园、旅游风情园、旅游综合体等项目,保护传承少数民族文化。通过积极参加"全国文化先进县""最美风景县""中国民间文化艺术之乡""最具魅力村寨"等评选活动,采用电影营销、电视剧营销、摄影比赛、自行车赛事等多种形式,开展丰富多彩的节庆风俗活动,打造旅游文化名县、名乡,提升民族贫困地区旅游产品的知名度和影响力。

发展民宿经济。民宿经济是生态文化资源富集地区脱贫的重要路径。将贫困乡村、农业、旅游、文化以及当下流行的创意经济、文化创意融合起来,结合贫困地区生态环境、人文习俗、自然景观和农林牧渔生产活动等资源,利用农民自有住宅闲置用房,配备必要的住宿及餐饮设备设施,并注入主体内容和文化内涵,坚持绿色、环保的生态旅游村理念,为向往乡村生活的游客提供乡愁情感体验。

探索多种形式的利益联结机制。引进上海酒店企业,统筹扶贫资源,建设旅游特色村和民宿特色村等。结合当地传统民居特点,迎合旅游消费人群需求,高规格建设民宿,统一设计、统一装修、统一经营,村民参与分红。民宿和住房归村民所有,上海酒店企业统一经营,村民享受分红。也可以采用政府搭桥,乡镇统一设计、统一装修,村民自主经营的方式。这有利于提高贫困地区民众的生活质量,又便于集中管理,同时,适应了当地发展旅游业的需要。

二、发展壮大农村集体经济

增强农村集体经济实力,实施产业精准扶贫,有助于加快农村基础设施建设,改善村容村貌,优化农民生产生活环境,保障贫困人口如期脱贫。

探索以混合经营为主要内容的实现形式。全面推进强基惠民股份合作经济,鼓励村集体以集体资产资源参股经营稳健的上海企业。有条件的村,可以探索设立扶持村级集体经济发展的基金,积极探索基金使用运转方式,实现集体资产保值增值。根据当地实际,探索村企联手共建、政府定点帮扶、扶贫开发等多种形式,实现多元化经营;鼓励有条件的村集体与公司发展混合所有制经济项目,不断探索和丰富村级集体经济实现形式。[①]

探索以提供产业合作为主要内容的实现形式。完善治理结构,构建现代化集体经济组织。实施所有权与经营权相脱离的经营模式,托管所有权,壮大集体经济,或者使集体经济组织成为自主经营、自负盈亏、自我发展、自我约束的生产经营实体,成为市场的主体;根据各个集体经济组织的资产、资金等实际情况,支持村级集体经济组织以集体控股主导经营、集体占股参与经营、集体无股提供协调服务三种方式获取利润收入,拓宽赢利空间。

---

① 财政部:《关于印发〈扶持村级集体经济发展试点的指导意见〉的通知》(财农〔2015〕197 号),2015 年 10 月 12 日。

三、结合整村推进,精准对接贫困村

按照"产业到村、扶持到户"原则,把培育和壮大特色优势产业作为产业扶持的重点,集中财政专项扶贫资金用于整村推进产业发展,以产业化扶贫项目带动贫困户脱贫。上海合作方应深入每个贫困村,和乡镇村干部一起,了解贫困状况,分析致贫原因,理清发展思路,结合资源禀赋,确定产业项目,研究制定整村推进产业发展规划,用规划引领发展。在项目选择上突出群众最关注、最急需、受益面最广泛的项目。

结合村情乡情,在不同地域、不同资源优势的村,明晰定位发展优势和短板,探索符合实际的"一村一策、一策多类"的发展模式,逐步探索生产加工、精品养殖、规模种植、营销引导、技术服务、设施租赁等多种发展类型。

四、"千企帮千村"精准对接

以培育带动贫困人口脱贫的经济实体为核心,明确结合贫困村资源优势和产业基础,以"精准"提高帮扶效率。

(一)探索"公司+农户"等多种模式

帮扶企业坚持因企、因村制宜,以"公司+农户"为模板,形成了"公司+基地+农户""公司+合作社+订单+贫困农户"等多种运营模式。公司将发展种养殖户作为重中之重,建立种养殖基地,以技术指导和技术跟踪服务为前提,以订单农业为保证,利用公司销售网络优势与贫困户逐户签订农作物、农产品包销协议,并且对贫困户以均价每公斤高出市场零售价的价格统一进行收购。帮扶企业采用为农户承贷承还、提供贷款担保等有效办法,提高农业走向市场、农民参与市场竞争的能力和水平。通过资金、技术、培训支持,在特色种养殖业、土地流转、劳动就业等方面实现了合作模式创新和结对共赢。

(二)企业发挥帮扶主体作用,贫困户发挥脱贫主体作用

各参扶企业按照"一村一策、一户一法"方略,因地制宜,因户施策,根据帮扶村和建档立卡贫困人口的经济基础、资源禀赋、致贫原因、贫困程度和劳动力素质等实际情况,结合产业发展优势和群众意愿,逐户逐人量身定制结对帮扶项目。通过开发优势资源、发展主导产业、开展企村合作、促进农民就业、提供金融支持、实施商贸带动等多种方式,重点推进种植、养殖、农产品加工、旅游、电商等主导产业,采取土地流转、入股分红、资金扶持、订单生产、技能培训、劳务就业等多种方式,让贫困户参与进来,确保每个贫困户至少有 1 个增收产业、2—3 个增收门路。充分发挥企业人才、技术、市场、信息优势,对帮扶村群众开展实用技术、生产技能、经营管理等培训,提高贫困农户自我发展的能力。

(三)探索贫困户入股优质企业的模式

乡镇政府与辖区内银行联合成立企业信贷评估小组,对辖区内有融资、扶贫意愿的企业进行严格考评,选定优质企业。同时,对辖区内所有贫困户逐户上门进行评级授信,确定授信对象及额度。通过乡镇政府、银行、企业与贫困户签订"四方协议",让贫困户获得贷款,入股选定的优质企业,按入股款的一定份额参与分红,贫困户享受企业红利。

五、企村共建利益联结机制

大力推进"云品入沪"和"沪企入滇"工程,做强做大贫困地区优势产业,带动建档立卡贫困人口长期持续增收。以高原特色现代农业为突破口,切实把对口帮扶与龙头企业带动结合起来,打造企农利益共同体和"企村帮扶"模式。引进电商平台,促进产业融合。积极扶持合作经济组织,以产销为纽带,以服务为桥梁,以利益为核心,不断提高农民组织化程度。推动企业和建档立卡户,通过利益联结机制和投入资本金,利用股权长期捆绑。强化"企业+合作组织+贫困户"产业扶贫模式和订单收购、合作经营、联产联利、股份合作、资产收益等贫困户利益联结机制,

大力开展农村劳动力转移培训,确保每户贫困户都有增收渠道。

第二节　推进滇沪产能合作迈向新阶段

滇沪产能合作主要以产业转移的形式展开,围绕云南资源禀赋优势和特色产业,发挥滇沪双方各自特色和优势,拓宽经济合作领域,以利益为导向,以高投资回报为目标,两省市经济系统内的各组成要素和组合结构不断变动和协调的结果是企业资本流动。

一、促进高原特色农业合作开发

充分发挥上海营销网络优势、品牌优势和技术优势,依托云南特色农业资源、特色农业产品、特色农业产业基础,放大云南面向南亚东南亚农产品市场的区位优势,以拓展农业产业链、价值链为方向,以种养业、休闲农业、观光农业、农业物流、农产品营销等为重点领域,以生成辐射带动作用大、市场占有率高和附加值高的特色农产品加工企业、现代农庄、田园综合体等为抓手,通过第一、二、三产业的融合发展,推动滇沪经济合作。

(一)积极拓展农业旅游

依托上海在创意农业、休闲农业、体验农业等方面的经营优势,引进上海农业旅游品牌经营主体,投资开发或者合资开发云南农业旅游,充分挖掘农业与农村休闲功能,满足游客观光、度假、休闲、体验、推广、示范、娱乐、健身等多项休闲需求,提升农业经济效益。组织云南星级农家乐、休闲农庄等从业人员去上海参观学习崇明县前卫生态村、闵行区陶家湾休闲农庄等国内知名的农业旅游点;引进上海市松江区浦江源温泉农庄等独具代表性的农业经营主体来云南,针对昆明、玉溪、红河等靠近昆明主流消费人群的城市,对相关从业人员、各级政府工作人员开展经营理念、经营模式、扶持政策等相关培训;引导上海旅游企业合作打造具有乡村民俗、民风、民族文化元素的乡村旅游和民族文化示范点(村),开发功能齐全、特色鲜明的田园综合体。

（二）以品牌化引领种养业发展

上海拥有25家国家级农业龙头企业,聚焦于食品加工业,食品加工业主要指利用工业化技术与装备,将农业原料加工成利于保存运输、食用消化吸收,最好是色香味俱佳的产品或者半成品。目前,食品加工业的食品安全饱受诟病,云南农产品生态安全、四季飘香,尤其在当下,以食品安全为代表的产品质量问题日益严峻,以云南农产品为原料保障,能显著提高上海食品加工企业产品市场占有率和品牌构建。

面向南亚东南亚市场,上海食品加工企业通过与农户、合作经济组织等签订购销合同、注资、入股、联合经营等方式,建立更紧密的组织机制、经营机制和利益联结机制,保证原料品质的稳定性和货源的充足性。不断强化原料收购等上游产业链建设,充分发挥精深加工、包装储藏、物流配送和市场营销等优势,打造完整产业链条。另外,也可以使云南农产品加工企业与上海农产品品牌商合作,着力开发拳头型产品,加快新产品研发,打造知名品牌,扩大市场占有率。

（三）拓宽农产品营销渠道

依托上海第三方平台开展农产品广告精准推送和农产品个性化推荐等活动,进行农产品订单式精准生产,解决传统营销在市场细分方法和技术上的局限性,以及目标客户针对性不强的问题。引导云南农业经营主体与上海物流、餐饮、超市、电商、商贸等企业或者专业买家,进行产销对接,通过签订意向性销售协议,以销定产。为了解决单品规模小、标准无法对接上海市场的问题,一方面要引导云南农业龙头企业、农民专业合作组织、家庭农场等按照上海市场准入标准来进行农产品管控和生产,逐步建立起与国际标准接轨的产品质量标准体系和认证激励制度,并以此带动品牌创新;另一方面,支持农户开展自愿性、互助性的各种农业合作,通过"一村一品、一乡一品"、农民合作社联社等途径,扩大农产品供给规模。此外,利用现代网络手段创新农产品批发、零售和产销对接方式,支持上海企业与云南企业合作,共同构建跨区域、辐射全国大中城市、向国际市场拓展的高原特色现代农产品交易流通体系和营销网络,推进连锁经营、直供直销、电子商务等新型业态,加快构建以生态农产品连锁化为重点的上海社区经营网络,并逐步建立和完善以集中采购、统一配送为核心的新型营销体系,提高消费者对云南农特产品的认知度和美誉度。

(四)以项目为抓手,着力实施重点产业领域科技攻关

聚焦云南特色产业,组织实施关键技术项目攻关。推动滇沪科技合作从前端向后端的拓展。组织引导各类创新主体,发挥云南丰富的自然资源和上海市场开拓方面的优势,使科技成果真正在云南落地,共同开拓南亚东南亚市场。各州(市)农口部门针对产品加工、市场营销、品牌打造等环节,组织农业企业与上海科研院所开展科企对接活动。

(五)加快建设农产品物流体系

引导上海农产品加工企业、商贸企业和其他各类投资主体通过新建、兼并、联合、加盟等方式,加强云南特色农产品交易市场、批发交易市场、区域配送中心、储藏冷链物流设施建设,建立类型多样、功能完善、物畅其流的农产品现代物流体系。引进上海农产品物流企业,以产权投资或产品合作的方式,与云南农业龙头企业共同建立集区域性特色农产品冷藏、保鲜、转运、批发为一体的重要物流集散地。

二、推动新型工业产能合作

利用先进适用技术和高新技术改造传统产业,紧紧围绕《中共云南省委 云南省人民政府关于着力推进重点产业发展的若干意见》的八大重点产业,进行产业链合作和招商,由要素驱动向创新驱动转变,促进产业转型升级。积极承接上海产业转移,产业发展要体现绿色循环低碳外向型发展要求,推动滇沪新型工业产能合作,共同打造产业集群,促进产业集聚发展。

（一）优势互补,做大做强生物医药和大健康产业

推进昆明国家生物产业基地建设,紧密加强与上海国家生物产业基地合作,围绕双方共同关注的生物医药、健康服务、生物工程等领域,以基因工程药物、现代中药、医疗器械、新型疫苗、中药（民族药）等领域的新产品开发为重点,加强整合生物医药领域创新资源。一是充分发挥上海国家级科学设施和研发机构的支撑作用,积极对接国家重大科技专项,加快突破生物育种等关键技术,加强生物制药、生物保健品等产业的技术研发合作力度。二是大力发展重大疾病防治的生物技术药物、检测产品、现代中药等创新药物大品种,加快生物医学工程产品产业化,合作研发推广绿色农用生物产品。三是推进上药集团、复星医药、罗氏、施贵宝、帝斯曼等重点企业在云南设立布局合理的国家综合性生物研发、生产和出口基地,建设优质中药材和健康产品原料基地,发展高品质中药材种植业,共同规划建设中药材深加工项目,整合产业链。

（二）抢抓辐射中心战略机遇,共同打造先进装备制造产能合作基地

改革开放以来,上海充分发挥要素优势,融入国际产业分工体系,在承接产业转移的外向型经济发展中,实现了工业化的快速发展。目前,随着上海收入水平提高,劳动力等初级要素成本、商务成本上升,土地等环境要素约束强化,中低端制造业发展优势减弱,制造业逐渐向其他区域转移。[1] 从上海长远的发展来看,如何推动上海城市功能的调整,从制造业中心转移到服务业中心,在调整中合作,充分发挥市场主体的地位,驱动、引导企业"走出去",不光是包括制造业,还包括企业

---

[1]　李伟:《上海制造业如何重获产业优势》,《解放日报》2016 年 11 月 22 日。

的转移,是未来一段时期的重点。

云南尚处于工业化初级阶段,制造业发展空间巨大。在经济新常态和供给侧结构性改革的大背景下,云南需要工业化的快速发展和升级。[①] 上海与云南的工业化阶段差异,决定了双方经济合作具有巨大的发展空间和潜力,这也是国家战略的需要。在这一进程中,上海需要以中高端制造业发展助推服务业输出优势形成,并积极为云南提供生产性服务。加强制造合作,发挥好上海的制造业优势和云南的资源优势,推动企业有效对接、共赢发展。云南土地资源、用工成本、能源成本相对较低,相对于内地大城市,生活成本也相对较低。加之,2016 年《中共云南省委 云南省人民政府关于着力推进重点产业发展的若干意见》公布,装备制造业被列为"十三五"时期云南八大重点产业之一予以支持,并出台一系列优惠政策,装备制造业同时也列入了"西部大开发"的重点产业名录,享受"西部大开发"的优惠政策。迎合东南亚地区对于汽车、摩托车、小型农业机械的旺盛需求,发展面向出口加工的水电、风电、光伏及风光互补、生物质能的发电及输变电等电力装备制造,拖拉机、小型联合收割机、水泵、微耕机等山地小巧特色农林机械装备,钢构、小五金等金属制品[②],是装备制造业经济合作的重点。

(三)协同振兴食品制造、轻化工业产业

云南农业资源丰富,品质上乘,以茶叶、酒、糖、果蔬、咖啡等为主要原料的特色食品加工制造业、以核桃为主要原料的高原特色有机木本油料、橡胶制品业、木材加工业、香料工业等在国内具有资源优势和一定的竞争优势。上海轻工业发达,老品牌众多,产业链完整,市场营销、加工技术、品牌影响力均处于国内前列,滇沪两省市具有经济合作的基础,实现引资、引智、引先进技术和设备的有机结合。以有机、低毒、高

---

① 李伟:《上海制造业如何重获产业优势》,《解放日报》2016 年 11 月 22 日。

② 云南省人民政府:《关于印发云南金沙江开放合作经济带发展规划(2016—2020 年)的通知》(云政发〔2016〕59 号),2016 年 7 月 14 日。

效为特点,在生物育种、生物农药、生物肥料、生物饲料等新兴生物农业产业上加大双方科研合作和产业培育力度,面向南亚东南亚市场需求和地区适应性,共同建设研发和生产基地。引导上海轻工业企业参与云南茶叶、橡胶、核桃等加工企业的优化重组,引进上海家化、华宝食用香精香料(上海)有限公司、上海香料香精专业研究所等,与云南省化妆品行业、香料行业、核桃加工企业,开展产权投资,进行以食用油、保健食品、化妆品等系列产品的开发合作,建立产业基地。同时以园区为平台,布局建设承接产业转移集聚区,加快承接家电、纺织服装、鞋帽、塑料、玩具等出口导向型消费品制造,打造面向南亚东南亚的轻工纺织产业平台和加工贸易平台。①

(四)合作共推新材料产业发展

从金山及上海化学工业区引进特种橡胶生产企业,投资开发云南橡胶资源,在稳定橡胶产量的同时,改良和提高橡胶品质,重点围绕交通基础设施、汽车工业及国防军工用品,以特种化、精细化、系列化为方向开展橡胶产品的精深研发和生产,转变长期以原料胶为主的初级贸易模式,努力将云南构建成西南地区橡胶及其制品集散地。大力发展锗、铟等稀贵金属新材料及元器件加工等产业集群。以滇中为核心培育稀贵金属新材料基地。加快从上海引进和利用新技术、新工艺对云南省新材料产业进行技术改造和创新,扶持和推动重点骨干企业与上海相关企业合作建立技术中心和技术开发机构,鼓励和支持州(市)政府借助上海的科技力量建立地区性优势产业产品及精深加工技术创新和研发中心,提升金属矿产品的品种质量、精深加工和综合利用水平。

(五)承接推动现代清洁载能产业开发

主动承接技术水平先进的现代载能产业转移,积极布局现代载能产业项目,既是贯彻落实国家产业转移政策的具体行动,又是推进云南

---

① 《中共云南省委 云南省人民政府关于着力推进重点产业发展的若干意见》,《云南日报》2016年4月20日。

省经济内生性增长、促进产业优化升级的客观要求。

上海高载能产业发展资源环境约束趋紧,碳排放峰值目标的设置给工业绿色发展增添了新压力,节能环保投入成本维持高位。云南能源优势明显,水电、风能、太阳能资源十分丰富,用电成本较低。同时,长期以来,金属矿产业已经成为云南省的支柱产业,在全国都具备较强的比较优势,要在巩固和提升其竞争力、绿色循环发展方面下功夫。通过相互参股、产业转移、技术合作等方式,加强与上海国有大型能源、金属制造业等高载能企业合作。充分利用云南省电价相对便宜的优势,继续整合和控制铁、铜、铅、锌等传统金属矿产品的产能,发展铁合金、电解铝、钢铁、有色金属、建材等产业,积极支持在能源和电力富集、环境容量大的地区集中布局,建设现代高载能产业园区,提升配套服务水平。推进水电铝一体化、硅及高端硅材料等载能产业适度发展,导钛产业加快向高端化、精细化发展,加快现代清洁载能产业基地建设,构建"产业配套、价值链协调"的现代清洁载能产业体系。

三、大力推进现代服务业合作

充分发挥上海物流、商贸、金融、信息、旅游等现代服务业发达的优势,依托云南面向南亚东南亚开放的前沿位置,加强与上海在三次产业领域的经济合作,推进上海与南亚东南亚市场、产业、资源对接,不断推动云南省产业结构转型升级,增强三次产业对全省经济社会快速健康发展的支撑力,推进辐射中心建设。

(一)推进全域旅游,促进旅游产业二次创业

虽然云南是旅游大省,但是云南对于国内外游客的知名度尚有提升空间,尤其是国外游客;对于国内游客而言,景点打造缺乏主题,旅游产品急需升级创新,差异化、多元化的旅游产品有待开发,通过新的旅游产品分流部分国内游客,迫在眉睫。

上海作为国际化大都市,也是中国向世界展示的窗口,每年从上海

进入国内的国外游客数不胜数。通过建立旅游共享平台,以多种形式在上海搭建云南旅游展示平台,积极推广以豫园为代表的云南旅游推介活动,宣传云南的旅游资源。通过与上海旅游企业开展合作,共同打造个性化、有针对性的旅游线路,有利于充分发挥世界遗产地的国际品牌优势,着力打造丽江古城、石林、三江并流、元阳哈尼梯田和澄江古生物化石群5大世界遗产旅游地,有助于将云南建成国内一流、世界著名的国际品牌旅游地,提升云南旅游的国际知名度和吸引力。

引导上海、云南旅游企业深度合作,共同拓展云南旅游产业,积极布局参与建设沿边跨境旅游经济带、金沙江沿江旅游经济带、澜沧江沿江旅游经济带、昆玉红旅游文化产业经济带4大旅游经济带。培育发展高端精品旅游服务,推动以观光型旅游产品为主向以观光、休闲度假、专项旅游产品等复合型旅游产品为主转变。大力发展跨境旅游,打造国际精品旅游线路,开发线上线下有机结合的旅游产品,推动旅游定制服务等。①

引导上海企业参与建设金沙江沿江旅游经济带,着力构建香格里拉(虎跳峡)—昭通(大山包)—宜宾(蜀南竹海)—乐山—重庆休闲旅游黄金走廊,打造滇东北金沙江追忆革命"红色旅游线"、金沙江高峡平湖水上"蓝色旅游线"、滇西北大理—丽江—迪庆生态"绿色旅游线"、川滇藏大香格里拉"天堂旅游线"、乌蒙山"喀斯特地质地貌旅游线"、东川"泥石流越野运动特种旅游线"等精品线路。② 在优化大众旅游、假日观光旅游等主要形态的基础上,拓展休闲旅游、生态旅游、乡村旅游、高原康复旅游、探险旅游、体育旅游等新型旅游方式。大力发展具有云南特色的餐饮服务业、食品加工业和旅游产品加工业,提高旅游

---

① 《中共云南省委 云南省人民政府关于着力推进重点产业发展的若干意见》,《云南日报》2016年4月20日。

② 云南省人民政府:《关于印发云南金沙江开放合作经济带发展规划(2016—2020年)的通知》(云政发〔2016〕59号),2016年7月14日。

业与民族文化、高原农业、特色工业等产业之间的关联度和深度融合水平。

（二）内培外引，深入实施"金融入滇工程"

上海市金融业在全国的地位举足轻重，凭借位于太平洋西岸和长江入海口的地理优势，迅速发展成为中国最大的港口城市，也成为近代中国金融业的诞生地。改革开放多年来，上海市金融市场仍保持较高的发展水平。作为国际著名的金融中心，货币市场、外汇市场、基金市场和黄金市场发展速度凸显；产权市场发展势头强劲，景气度渐高；保险市场发展稳健；债券市场和信贷市场稳定增长[①]，互联网金融覆盖全国50%以上的第三方支付业务量，上海市金融业集聚效应不断强化。

立足云南面向南亚东南亚金融交易的需要，共享发展机遇，积极发挥上海金融中心和资本市场的优势，将云南作为资源配置和促进发展的重点地区，积极融入和支持云南经济社会发展，契合云南经济社会发展环境与发展速度，不断提高综合金融服务能力，为云南省政府、企业项目融资提供服务，助推云南金融改革创新和沿边金融综合改革试验区建设。以沿边金融综合改革试验区建设为契机，推动以昆明为中心，辐射南亚东南亚的区域性金融服务中心建设。

引导和鼓励上海国际金融机构在云南设立分支机构，丰富创新金融服务产品，支持第三方支付机构和金融机构共同搭建安全便捷的在线支付平台，拓展服务范围。加强网络借贷机构信息披露，健全网络借贷风险控制体系。开展股权众筹融资试点，促进网络众筹融资平台规范化发展。共建共享与国际接轨的大型金融信息资讯平台，加快金融资讯服务系统、金融风险监测系统和防范体系建设。加快网络征信和信用评价体系建设，支持信用服务机构面向金融领域开展信用产品研

---

① 方莉萍、方钦梅：《上海金融业发展的概况和经验借鉴》，《东方企业文化》2015年第19期，第257页。

发和服务创新。[①] 鼓励信誉良好的信托公司和金融租赁公司开展业务，大力支持发展专业化产业投资基金和股权投资企业。鼓励上海、云南共同投资设立企业信用保证保险基金。从上海引进金融高层次人才，组织云南本土人才赴上海参加金融业务、数据库培训，打造东南亚总部经济。

（三）补足短板，共促现代物流业发展

上海现代物流业已成为我国注册登记企业数量最多、业务最集中的地区；全球四大物流快递企业在上海设立中国区总部，其中，3 家建立了全球转运中心；全国十大民营快递企业中，有 8 家总部落户上海[②]，在新技术推动下，一批以"互联网+"物流为特征的创新型物流服务平台企业不断涌现，并产生集聚效应，形成多元化企业共同发展局面。

支持上海港口、机场、物流园区与云南开展物流合作，引进上海国有物流企业参与云南昆明腾俊国际陆港、大理海东、滇西国际商贸物流基地、昆明长坡泛亚国际物流园区、磨憨国际物流园区、研和综合物流园区、河口国际物流园区、芒市国际物流园区、砚山现代物流园区、红河综合保税区等重要物流基地、物流园区的建设[③]，引导全球四大物流快递企业在昆明设立分部，全国八大民营快递企业在昆明设立分公司或区域基地，推进国际物流发展，投资参与机场、铁路、高等级公路、口岸、园区之间的连线和多式联运设施建设，强化集疏运服务功能，构建便捷、高效的跨境物流体系。支持上海物流企业以资本、管理、技术输出等方式，在云南构建跨区域物流网络。并以云南为依托，完善境外物流

---

① 上海市经济和信息化委员会：《关于印发〈上海促进软件和信息服务业发展"十三五"规划〉的通知》，2017 年 1 月 4 日。

② 上海市经济和信息化委员会：《关于印发〈上海促进软件和信息服务业发展"十三五"规划〉的通知》，2017 年 1 月 4 日。

③ 《云南省国民经济和社会发展第十三个五年规划纲要》。

投资服务,跟随产业投资、重大工程项目"走出去",提供配套的国际物流服务,拓展南亚东南亚物流网络,推进昆明建成面向南亚东南亚的商贸物流中心。深化完善沿金沙江物流合作机制,积极探索特色农业、矿产业、资源型制造业与物流业深度融合的发展模式,加快上海、云南物流市场一体化,推动物流跨区域协同监管,开展基础设施互联互通、物流标准共推、物流信息共享、物流诚信共建。支持社会组织开展跨区域合作,搭建物流业合作交流平台。

(四)发挥引领优势,推进云南信息服务业发展

上海软件和信息服务业集聚了国内外领军企业,培育了细分市场优势企业;大数据产业实现率先布局,汇集了一批对接商贸流通、金融、餐饮等领域的新兴O2O服务平台;车联网形成了完整的全产业链科技研发及产业化布局,成为国内车联网领域产业链最齐全、配套规模最大的市场;云计算产业快速发展,通过"云海计划"的政策引领,应用水平得到全面提升。上海规模以上软件和信息服务产业基地构筑起漕河泾开发区、紫竹高新区、浦东软件园、天地软件园等综合基地,以及云计算、数字内容、数据服务、移动互联网、互联网金融等专业基地共同发展的格局。[①]

开展漕河泾开发区、紫竹高新区与昆明高新技术开发区、玉溪高新技术开发区的经济合作,引导上海信息服务业领军企业在昆明设立分公司或区域基地,推动昆明呈贡信息产业核心集聚区建设,打造滇中城市群新一代信息技术及配套产业集群。大力培育呼叫中心外包、托管、设备租赁等业务。依托沿边对外开放经济带建设,推进上海云计算、数字内容、数据服务、移动互联网等专业基地在云南设立分中心或区域基地,共同推动多语种翻译技术研发及产业化,共同开发多语种信息门户、社交平台、电商平台、浏览器、数字内容分发、机器翻译等信息服务

---

① 上海市经济和信息化委员会:《关于印发〈上海促进软件和信息服务业发展"十三五"规划〉的通知》,2017年1月4日。

产业项目,支持多语种音视频节目、动漫游戏、卫星导航、空间地理等信息内容开发[①],把昆明建成面向南亚东南亚的信息产品出口加工集散基地,建设支撑区域各国交流合作的信息应用服务平台。推动工业企业与上海软件提供商、信息服务提供商联合,提升企业生产经营管理全过程的数字化水平。

第三节　共建产业合作平台

抓住上海产业转移的机遇,加快开放合作平台建设,瞄准上海世界500强企业、知名跨国公司和行业龙头企业,围绕战略性新兴产业、先进制造业和现代服务业等重点领域,以滇中新区为龙头,以各地州市经济开发区、边境经济合作区、跨境经济合作区、综合保税区为辅,主动承接一批具有国际水准、代表产业高端的龙头企业和重大项目,促进云南承接上海相关产业向园区转移。

一、共建滇中新区

作为国家级新区,滇中新区致力于形成以现代生物产业、新能源为主的汽车与高端装备制造、新材料、光电子和新一代信息技术、节能环保、家电轻纺、高原特色农业与绿色食品、现代服务业等中高端外向型产业体系,突出高端化和外向型取向,吸引上海跨国公司和大型企业集团设立地区总部、研发中心、区域性采购中心等机构进驻,体现承接内容更加丰富、推进层次更多、辐射区域更广的特点。

(一)打造汽车产业链

云南是橡胶大省,橡胶资源拥有量居于全国第一,但是云南橡胶产业链短,大多处于橡胶颗粒等半加工品状态。滇中新区通过全产业链

---

① 资料来源:《云南省国民经济和社会发展第十三个五年规划纲要》。

招商,点对点引进上海相关企业,打造涵盖橡胶原料、橡胶颗粒、轮胎、轮毂、装备零件、装备制造的汽车生产全产业链。

2016 年 11 月 8 日,国家旅游局会同国家发展改革委、交通运输部等多部门联合印发《关于促进自驾车旅居车旅游发展的若干意见》,提出了一系列促进自驾车、房车旅游发展的政策措施,根据云南旅游发展规划,考虑到休闲自驾游将作为重点发展方向受到推进,房车能充分保证旅游品质,具备一定市场需求,是休闲自驾游中不可或缺的重要部分。引入上汽大通,在滇中新区设立房车生产基地,深耕国内高端房车生产销售。

(二)重点发展新能源汽车产业

鉴于云南对南亚东南亚市场的辐射、带动作用日益增强,加之优良的生态环境,丰富的水能和太阳能等清洁能源资源,再加上近年来相关汽车配套产业的发展,云南内燃机动力基础较好,滇中新区发展新能源汽车产业具有天然优势。这对于通过资本扩张、规模扩张来进行竞赛的国内汽车、摩托车制造商具有足够吸引力。

采取"一企一议"的方式扶持引进上汽集团、通用集团、上汽幸福摩托车有限公司等落户滇中新区的杨林经济开发区,加快云南新能源汽车和乘用车产业发展,配套发展汽车零部件,推动云内动力与上汽集团深入合作。引进上海先进新能源汽车研发技术和团队,积极推动本地汽车零部件生产企业转型升级,支持企业开展电机、电控、电池、充电设施等关键零部件研发及产业化应用研究,在园内建设新能源汽车研发试验中心及新能源汽车技术展示中心,逐步积累和创新新能源汽车研发技术和推广应用技术,为云南发展新能源汽车制造产业提供技术和平台支撑。[①] 改变云南一直以来出口汽车零部件到东南亚的历史,同时也为上汽自主品牌探索"走出去"实施路径并逐步打开东南亚市

[①]　李竞立:《昆明抢占新能源汽车高地》,《云南日报》2017 年 1 月 5 日。

场的主战场。

（三）加快发展临空经济

依托昆明长水国际机场和省内有条件的干支线机场,空港经济区积极培育发展与航空密切关联的商贸物流、航空保税、航空旅游、离岸金融、商务会展、总部经济、科技研发、航空制造与维修、出口加工及保税加工、复合型休闲度假及依托航空运输的高附加值产品制造等产业,构建以航空运输为基础、航空关联产业为支撑的产业体系。[1] 完善长水机场国际快件转运设施,实施省、市、区三级联动招商,引进上航、春秋航空、东航入驻园区,支持上海物流企业入驻开展国际快递物流服务,建设国际快递物流园区,吸引上海民营快递公司在空港经济区设立地区总部或分公司,打造辐射南亚东南亚的快递总部经济;吸引上海相关企业设立小商品加工生产基地、生物产品深加工基地。

二、共建边合区、跨合区

以旅游文化、农业发展、轻工产品、绿色经济和人文交流等为重点,以中老磨憨—磨丁、中越河口—老街、中缅瑞丽—木姐3个跨境经济合作区,瑞丽、畹町、河口、临沧4个国家级边境经济合作区,麻栗坡(天保)、耿马(孟定)、腾冲(猴桥)、孟连(勐阿)、泸水(片马)和勐腊(磨憨)6个省级边境经济合作区为平台,强化沿边能源加工产业基地、面向周边市场的出口加工基地、区域性国际商贸物流中心建设。

积极承接轻工产业转移。围绕与周边国家民生需求息息相关的吃、穿、住、行、娱等,积极从上海承接面向民生的需求型轻工产业,特别是承接以满足本地区域市场、努力开拓南亚东南亚市场为目标的劳动密集型产业、加工贸易和生产性服务业。充分发挥海外华侨华人在资金、技术和社会影响等方面的优势,凝聚侨心,加强"引侨促产"工作力

---

[1] 《云南省国民经济和社会发展第十三个五年规划纲要》。

度,以承接南亚东南亚的软件电子信息技术研发制造、珠宝玉石等优势行业为重点,打造华商承接产业转移示范区、华侨园。①

以做好服务为导向,吸引上海企业进驻边合区或跨合区。增强软环境建设,提供促进边境贸易合作的优惠政策措施,进驻边合区、跨合区的上海企业享受边合区 15 条优惠政策、跨合区 21 条优惠政策。完善跨境交通、口岸和边境通道基础设施,建设一批高起点、高标准、高质量的外向型产业园区,积极承接加工贸易订单和加工贸易企业转移,采用原料在外、市场在外、加工在国内的"两头在外"的生产方式,逐步形成外向型特色优势产业体系。

建设对口援建经济合作机制,推动边合区和跨合区快速健康发展。促成国家级边合区与上海综合园区之间的对口援建合作机制,积极推进上海国有企业与省级边合区对口援建工作。

三、共建经济开发区

重点推进昆明高新技术产业开发区、昆明经济技术开发区、安宁工业园区、滇中新区东片区(含杨林经济技术开发区和空港经济区)、红塔工业园区(含玉溪高新技术产业开发区)、曲靖经济技术开发区、蒙自经济技术开发区、保山工贸园区、楚雄工业园区(含楚雄经济技术开发区)、大理经济技术开发区 10 个千亿元园区和丽江华坪工业园、昭通水富特色产业园、文山三七产业园、德宏瑞丽工业园、盈江工业园区等 30 个百亿元园区建设,推进昆明呈贡信息产业园、云南长水临空经济示范区、玉溪云计算产业发展集聚区、保山云计算产业园、文山—百色跨省经济合作区等新兴园区茁壮成长。②

依据各经济开发区所属区域以及园区发展重点产业,积极促进主导产业向园区集中,承接上海产业向园区转移,关联产业在园区配套,

---

① 《云南省国民经济和社会发展第十三个五年规划纲要》。
② 《云南省国民经济和社会发展第十三个五年规划纲要》。

推动园区经济发展。促进园区建设投融资渠道多元化,加快园区基础设施建设步伐。推动园区管理创新,培育和发展信息产业、生物医药和大健康产业、新材料产业、先进装备制造业、特色食品制造业、特色消费品制造业、冶金产业、化工产业、烟草配套产业、建材产业、生产性服务业等一批产业链完整、创新能力强、特色鲜明的工业园区以及现代旅游、专业物流、文化创意、现代商贸、商务金融等一批具有较强集聚带动能力的现代服务业集聚区。

搭建国家级经济开发区经济合作机制,截至 2016 年年底,上海拥有六个国家级经济开发区,即闵行经济技术开发区、虹桥经济技术开发区、上海漕河泾新兴技术开发区、上海金桥出口加工区、上海化学工业经济技术开发区、松江经济技术开发区,云南拥有五个国家级经济开发区,即昆明经济技术开发区、曲靖经济技术开发区、蒙自经济技术开发区、嵩明杨林经济技术开发区、大理经济技术开发区。开展多种形式的园区结对、共建工作,开展"一对一"或者"二对一"结对共建,有序推进上海产业转移。

推进工业园区共建,加强重点产业配套能力。创新园区开发模式,积极协调上海市浦东康桥工业区、上海市金山工业区、上海市松江工业区、上海市嘉定工业区、上海市莘庄工业区、上海宝山工业园区、上海市青浦工业园区、上海市崇明工业园区等知名园区来滇考察调研,精心组织云南省企业和园区进行对接洽谈,鼓励企业之间加强合作。引进社会资本参与投资建设和运营,积极探索东南亚产业园等园中园建设模式。

扩大招商引资,深入开展上海央企、民企入滇活动,推进企业重组合并和技术升级,构建以临沧和西双版纳为主的橡胶工业园区,建设以红河和德宏为核心的糖业工业园区,建设以昭通、曲靖、红河、大理等省内粮食主产地区为主的优势粮食产品和畜牧产品加工工业园区,建设以红河、迪庆等为核心的葡萄酒产业聚集区,建设普洱、临沧、西双版纳、保山、大理等高原有机生态茶叶原料和精深加工园区,建设以昆明、楚雄、玉溪、迪庆等地为重点的果蔬及食用菌精深加工园区，培育保山、大理、楚雄、西双版纳等特色饮料生产集聚区，培育以昆明、保山、普洱、西双版纳等为重点的生物医药工业园区或集聚区。推进轻工业园区开展循环经济试验示范。支持和鼓励已成形的轻工业园区发展循环经济，以节能、节水和减排为重点推进园区企业循环式生产，力争实现园区节能降耗和减排工作领先于全省水平。

第四节　构建共推合作机制

积极推动云南、上海经济合作，充分利用上海资金、技术、人才和管理等优质要素资源，政府引导，市场主体，充分利用价格、利率等市场机制引导区域内资金、技术、人才等生产要素在地区间、产业间进行资源配置，不断推动区域经济合作向多层次、全方位、宽领域发展①，助推云南省经济社会加快实现跨越发展。

一、建立省际经贸协调机制

以高层互访高位推动滇沪经济合作，加强合作交流办紧密联系机制，加强滇沪双方部门之间、州市和区县和省市之间三个层次沟通联系，建立全方位互动机制。进一步完善互访和会议机制。结合上海自贸区建设，放宽投资准入，不断优化云南投资环境的制度建设，鼓励政府部门与非政府部门的共同参与，通力研制相关政策，挖掘合作潜力，界定合作议题，整合两地现有产业导向政策、投资管埋政策、财政金融税收政策、扶贫开发政策，引导要素充分流动，形成省际经济合作的良性运行机制。②

---

① 张体伟：《发达地区对口援藏与云南藏区提升自我发展能力研究》，中国社会科学出版社2017年版，第76页。
② 张体伟：《发达地区对口援藏与云南藏区提升自我发展能力研究》，中国社会科学出版社2017年版，第82页。

二、建立园区合作交流机制

以滇中新区为龙头,以各地州市经济开发区、边境经济合作区、跨境经济合作区、综合保税区为辅,统一平台,因地制宜,探索滇沪共建产业园区的有效模式,促进上海相关产业向共建园区转移。建立滇沪产业园区、经济开发区对口合作共建机制。推进对口部门、区县、产业园区及企业加强经济合作,实现滇沪两地区域联动、产业协同发展。[①] 省滇沪对口帮扶领导小组办公室、省招商局、省商务厅等成员单位、部门负责人与上海市相关部门和区县衔接沟通,举行滇沪经贸合作座谈会和 PPP 项目推介会,积极协调上海市知名企业和园区来滇考察调研,精心组织云南省企业和园区进行对接洽谈,鼓励企业之间加强合作,深度挖掘滇沪经济合作的发展潜力和空间,同时,深入州市开展有针对性的调查,较全面地掌握项目的总体推进情况,及时解决遇到的问题和困难。增加两省市园区之间的互动交流,开展多种形式的园区结对、共建工作,有序推进产业转移。合作双方应推动干部挂职锻炼的常态化、机制化,发挥挂职干部的桥梁纽带作用,传播、实践先进地区的经验,并将年度考核评价排名位居前列和排名上升较快园区的主要负责人列入重点培养对象,以提升园区干部的共建积极性。

三、探索平台共建共治机制

首先,经济合作企业享受同等化待遇。园区产生的新增增值税、所得税大部分留存于园区用于滚动发展;园区享受电费综合补贴,并接受年度考核,考核优秀的园区享受额外奖励。实行政策普惠制,进驻园区的龙头企业,不论是上海方还是云南方,享受省级农业龙头企业的优惠政策。在政策指导下,引导上海国资、国企积极参与园区的投资开发工

---

① 张体伟、王奇:《深化发达地区对口援藏的思路和对策研究》,《中国经贸导刊》2015 年第 27 期,第 51 页。

作;同时,以国家开发银行为首的银团,通过政策性借贷、上海担保借贷等方式为园区提供大额贷款。

其次,探索多样化的园区共建模式。灵活的共治机制、开放的市场环境是共建园区制度的目标和方向。一种是封闭式共建模式。采用园区协调联席会、园区管理机构、投资开发公司三方管治的架构。其中,园区协调联席会由共建双方政府领导构成,以专题、会议、互访等合作机制,对宏观战略、重大问题进行研究、商议和部署,起到统领、协调的作用,是园区共建的基础,共建合作方的政府、开发区共同注资成立园区控股的投资公司,对园区进行开发、运营和管理。另一种是企业化共建模式。在区域层面上由双边领导共治,在园区层面上以投资公司为主体进行管理。不同于封闭式共建模式,弱化管委会的地位,而是以投资公司为园区开发、建设和管理平台,试图以市场化运营、企业化管理走出一条新的管治模式。[1] 采用"协调联席会+园区投资公司"(园区管委会)的两级架构形式。

再次,建立利益共享机制。共建园区合作最难的是建立利益共享机制。园区的利润和税收分配机制、考核分配机制需要进行探讨和检验,尤其是制定出台区域产值、税收分成、环保容量调剂补偿、新增建设用地指标跨区域调剂使用等机制。注册资本要求上海的合作方不少于50%,一定年限内利润在园区内滚动,之后利润按比例分成,大体分为两种:一种按照股权比例来分配;另一种按照税收总额来分配。也可探索诸如 GDP 设计创新部分计入上海,生产制造部分计入云南等其他模式。

---

① 蒋费雯、罗小龙:《产业园区合作共建模式分析——以江苏省为例》,《城市问题》2016年第 7 期,第 41 页。

第五章 滇沪社会事业合作重点领域及路径选择

　　作为关系最广大人民群众切身利益和保障社会民主、公平和稳定的重要手段和途径,社会事业具有维系社会公正、体现社会公益性的作用。社会事业既是解决民生问题的题中应有之义,也是实现区域协调稳定发展的内在要求。1996年以来,滇沪对口帮扶始终都把开展教育、卫生和文化帮扶,促使西部对口帮扶地区的社会事业快速发展,切实解决当地贫困群众"上学难""看病难"的问题,作为帮扶重点之一。滇沪对口帮扶21年的历程表明,社会事业帮扶合作不仅是滇沪对口帮扶的重要内容,也是促进长江经济带区域协调发展的有力支撑。进一步说,深化社会事业帮扶对于推动滇沪区域合作,更好地融入长江经济带战略发展,具有重要的实践价值与很强的现实意义。然而,目前滇沪社会事业帮扶合作存在着基础设施配套性不足,资源低效使用现象凸显;支教支医持续性和适应性不足,帮扶效益不显著;文化及科技帮扶合作中双方认识和示范引领有待提高,体制机制还不健全等问题。为拓展合作空间和深化滇沪合作,促进滇沪双方共建长江经济带,补齐短板,提升区域内基本公共服务整体水平,从滇沪社会事业合作的重点领域和主要路径上,探索提出新举措、新思考。

第一节　深化滇沪社会事业帮扶合作的
新认识和新理念

一、倡导"以民为本、坚守底线"的思路

天地之大,黎元为先。习近平总书记关于农村社会事业发展的讲话中提到"要按照人人参与、人人尽力、人人享有的要求,坚守底线、突出重点、完善制度、引导预期,注重机会公平,着力保障基本民生。坚守底线,就是要筑牢民生安全网的'网底',保障群众基本生活;突出重点,就是要有所侧重,对重点群体和重点地区进行倾斜;完善制度,就是要形成系统全面的制度保障,使制度更加公平、普惠和可持续;引导预期,就是要促进形成良好舆论氛围和社会预期,使改善民生既是党和政府工作的方向,又成为广人人民群众自身奋斗的目标。要多谋民生之利,多解民生之忧,在学有所教、劳有所得、病有所医、老有所养、住有所居上持续取得新进展。"①因此,以教育、医疗、科技、文化为重点领域的滇沪社会事业帮扶合作,事关贫困地区民生改善和社会和谐发展,一定要有"以民为本、坚守底线"的思想认识,将贫困地区的民生问题当作根本任务来抓,有了民生保障,才谈得上区域协调发展。

二、强化"靶向施策、合力脱贫攻坚"的认识

深化滇沪对口帮扶,加强区域合作,是新阶段脱贫攻坚的重要组成部分,是新时期加强东西协作的内在要求。2016 年 9 月,根据中办、国办印发的《关于进一步加强东西部扶贫协作工作的指导意见》的要求,

---

① 中共中央宣传部编写:《习近平总书记系列重要讲话读本(2016 年版)》,学习出版社、人民出版社 2016 年版,第 215 页。

滇沪对口帮扶和区域协作必须纳入东西部扶贫协作总目标、总框架,所有援助项目和资金纳入云南省脱贫攻坚任务。滇沪对口帮扶和区域协作要按照"突出重点、强化统筹、面上平衡、点上使力"原则,实现上海市相关区与云南省现有少数民族自治州全面结对,与云南省所有国家重点扶贫开发县扶贫协作全覆盖,与云南省重点扶贫协作州市贫困县开展"携手奔小康行动",做到结对到州、覆盖到县。因此,滇沪社会事业帮扶合作必须与精准扶贫、精准脱贫基本方略有机结合,针对农村贫困人口"因学致贫、因病致贫"、文化建设和科技发展滞后的现实问题,靶向施策、精准合理,突出重点地区、重点人群,进一步加强统筹协调和资源整合,采取有效措施提升农村贫困人口社会事业发展水平和贫困地区公共服务能力,全面改善农村贫困地区民生问题,为农村贫困人口与全国人民一道迈入全面小康社会提供有力保障。①

三、突出"提升贫困地区自我发展能力"的理念

富裕农民致富的门路各有不同,但其发展共同点都是具有较高的文化素质和比较健康的身体,而贫穷农民往往都是缺乏生存的基本能力和改变生活、转变人生的潜在素质。因此,只有将社会事业特别是教育、医疗、科技、文化这些对于人的全面发展和人力资本形成具有决定性作用的公共事业更多地惠及贫困人群,提高其文化素质和发展能力,才能从根本上将其从贫困的代际传递中解脱出来。② 这对于加快云南贫困地区脱贫致富步伐,实现共同富裕,增强民族团结,维护国家的长治久安,都具有重要意义。按照"外因要通过内因起作用"的哲学原理,提高自我发展能力的关键在于人力资本的提升。美国经济学家西奥多·舒尔茨提出,决定人类未来发展前景的并非物质资源,而是人的

① 国家卫计委财务司:《关于实施健康扶贫工程的指导意见》(国卫财务发〔2016〕26 号)。
② 刘宇南:《我国贫困地区农村社会事业发展现状及对策建议——基于中西部三县的调研》,《宏观经济管理》2008 年第 8 期,第 59 页。

素质、技能以及处理各种复杂经济活动的能力,人力资本才是社会和经济发展的决定因素,用于改善人口素质的投资能够极大地促进经济繁荣和提高穷人的福利。具体来说,通过以教育、医疗、科技和文化为重要领域的滇沪社会事业帮扶合作,对于提高云南贫困地区人力资本存量、提高贫困人口自我发展能力至关重要。

四、提升"理论与实践并重"的共识

无论是在理论上还是在实践上,深化滇沪社会事业合作帮扶对于全面推进长江经济带社会建设均具有重要意义。首先,在理论上,作为一个关键概念和变量,社会事业能够丰富社会建设理论,促进社会建设理论逻辑层级的进一步完善;而作为一种"体系",社会事业及其思想能够全面贯穿于滇沪合作的民生领域,不仅能够为各种合作和帮扶政策的形成与执行起到理论整合作用,而且更为重要的是,它以提升被帮扶地区人民的社会福利与社会幸福感为价值导向,能够把各种民生问题的解决放在上海—云南这一区域合作的整体运行框架下,着力促进社会结构优化、合理配置社会资源。其次,深化社会事业帮扶合作对于推动滇沪两地社会建设具有重要的实践价值与很强的现实意义。随着精准扶贫、对口帮扶等政策措施的推进,贫困地区的民生得到了显著改善,但与人民群众的期待相比,仍存在诸多问题,如就业难、上学难、看病难等问题依然存在。同时,民生领域是新旧矛盾交织,新情况新问题层出不穷,不仅影响了人民的安居乐业,而且也影响了社会的和谐稳定。同时,因地域和地区之间的收入差距扩大情况显著,特别是一些弱势群体、特殊群体的公共服务需求还无法得到有效满足,由此引发的社会矛盾十分尖锐。为此,必须大力发展社会事业,通过提供更多优质的公共服务和产品来协调社会利益关系。① 当前,应着力深化社会事业

---

① 李培志:《论我国社会事业的理论内涵、现实意义与发展策略》,《天津社会科学》2013年第 5 期,第 89 页。

的帮扶合作,逐步解决东西部区域发展的不平衡问题,以推进均等化为依托,加快云南贫困地区社会事业发展,促进社会公平正义。

第二节　滇沪社会事业帮扶合作的重点领域和主要路径

习近平总书记 2016 年"东西部扶贫协作座谈会"上发表重要讲话时强调:"东西部扶贫协作和对口支援,是推动区域协调发展、协同发展、共同发展的大战略,要明确重点,精准聚焦。要着眼于增加就业,建立和完善劳务输出对接机制,提高劳务输出脱贫的组织化程度。要在发展经济的基础上,向教育、文化、卫生、科技等领域合作拓展。要继续发挥互派干部等方面的好经验、好做法,促进观念互通、思路互动、技术互学、作风互鉴。要加大对西部地区干部特别是基层干部、贫困村致富带头人的培训力度,打造一支留得住、能战斗、带不走的人才队伍。"[①]因此,深化滇沪社会事业帮扶合作,必须从教育、文化、卫生、科技、人才五大重点领域全面落实,靶向施策,合力并举。

一、深化教育帮扶合作,激发内生动力

教育对口帮扶合作是充分发挥上海的教育资源优势,促进云南教育全面开放,推动云南教育深层次改革,提升云南教育发展水平的重要举措。自 1996 年开展滇沪对口帮扶以来,两地合作交流尤其是教育对口帮扶取得显著成效,上海市对云南省少数民族地区的基础教育给予了极大的支持,通过各种形式资金投入帮扶,建成了无数所希望小学;派出 12 批支教教师到少数民族地区的学校开展支教活动,传播先进的学校管理、教育教学理念和经验,促进了当地教育事业快速发展。新时期,滇沪两地要更有针对性地抓好教育对口帮扶工作,抓好合作共赢,

---

① 新华社:《习近平:东西部扶贫协作必须长期坚持下去》,《当代县域经济》2016 年第 9 期,第 5 页。

精准对接云南教育事业发展的现实需求,找准突破点,建立更紧密的长期合作机制,继续助力云南省积极引进上海市在基础教育、职业教育、高等教育和师资队伍建设、人才培养等方面的先进理念和成功经验,加快推进云南教育现代化发展,全面提高教育质量。

(一)恢复支教,量与质同行并举

恢复支教机制,鼓励上海高校及中小学优秀教师、优秀退休教师赴滇支教,保持上海支教的衔接性、连续性和稳定性。一是从量上来说,要加大支教力度,上海市 14 个区与云南省 7 个少数民族自治州和 1 个地级市开展重点教育扶贫协作,上海市 14 个区中小学对口帮扶云南省 8 个重点扶贫协作州市和 4 个"面"上扶贫协作市的 56 个国家重点扶贫开发县的中小学,上海每年选派中小学教师到云南贫困地区中小学支教。二是从"质"上把关,提高支教的"在地化"水平。鉴于上海和云南的教材不统一,教学内容和方式差别较大的现实,滇沪两地教育行政部门应提前对选派的支教教师进行培训,让支教教师熟悉云南教材,根据教材科学规划和设计教学方法和教学内容。三是要提高支教的稳定性。鉴于目前单个教师一年支教期的模式会导致学生因频繁更换老师而无法适应,建议根据教育阶段性将支教期适当延长至三年。但这必须有对支教教师生活和工作相应的保障措施作为支撑。在支教教师根据个人家庭、工作等实际进行自愿报名参与的基础上,要十分注重支教教师到支教地后的生活条件安排。支教教师背井离乡来到云南,为了使他们更快更好地适应陌生的环境,地方教育部门要从基本的住房、出行、饮食等生活方面给予帮助和引导。让他们感受到如家一般的温暖,从而安心地投入工作。

(二)提高办学条件,完善配套设施

一是在加大对口帮扶项目资金的基础上,积极募集社会资金和各方捐助,继续帮助对口帮扶贫困地区建设希望小学、幼儿园、职业学校、技术培训中心,重点帮助当地提高办学基础设施水平,改善办学条件,完善九年义务教育和成人教育。二是进一步加强"项目化"建设,发挥上海资本、教育资源优势,共同推进教育产业发展。鼓励在沪企业、教学机构到云南合作兴办教育,丰富云南的教育资源。三是借鉴上海市高校、中小学开办内地新疆班、西藏班的做法,开办"云南班",积累经验后,扩招"云南民族班"。四是鉴于过去"援建的中小学缺乏配套软硬件设施,有实验室无设备器材、图书馆有馆无书、体育馆有馆无配套"的现象,要尽快配套学校软硬件设施,使闲置的实验室、图书馆、体育馆"活"起来,提高资源利用效率。

(三)推进"校校结对",优化帮扶模式

"校校结对"是滇沪教育帮扶合作的模式,它能较好地建立学校之间的教研联盟,实现优势互补和联动互助。"校校结对"的内容包括基础校舍援建、合作办学、学校管理、师资培训、信息技术等方面的帮扶。第一,滇沪对口结对学校双方要将结对帮扶工作纳入学校的发展规划,设立帮扶总体目标和阶段性目标,督促受援学校达成发展指标、签订帮扶协议、建立年度例会制度、充分发挥网络作用,支援学校要充分发挥现代信息技术在学校管理、教师培养等方面的作用,提升受援学校的信息化应用水平,利用互联网使受援学校共享支援学校优质教育资源;建立教师互动帮扶制度。第二,上海市各区县可以有组织地选择一些优质学校和原有的对口支援地区的学校建立"一对一"的帮扶关系,整合学校实际的优质资源,更加贴近少数民族地区教师、学生的需求。结对的形式可以是"一对一",也可以"一对多"。第三,结对学校的情况,可以根据学校自愿,从对口支援合作办学的主观能动性来看,自愿组合似乎积极性更高一些。同时为避免出现多重交叉合作对两地学校带来一定的混乱,建议两地教育行政部门将本地学校的详细信息汇编成册,提供给对口支援合作办学的相关学校,提高对口支援合作办学的针对性,减少盲目性。而且这个信息必须是动态的,每年要做如实地、及时地变动。对于超过其办学能力的学校要减少结对学校数量,对于还有潜力

的学校可以增加结对学校数量。这样平衡才能比较好地发挥对口支援合作办学的作用。

（四）注重师资培训，推动教育资源交流合作

第一，进一步加强"双通道"建设，鼓励、支持与云南建立校际对口关系的上海中小学吸收云南中小学教育行政干部、中小学和中职学校校长、骨干教师到沪培训，帮助培训师资队伍。在原有的培训人员范围基础上，适当降低培训门槛，扩充在校教龄满6年且任职过班主任的教师，参与到培训当中，为年轻教师在教学理念、模式和学生管理方式等方面提供指导帮助。同时，上海方继续接受对口地区干部到上海培训挂职。第二，充分发挥云南三地州培训中心和师训基地的功能，实施对云南贫困地区中小学骨干教师的培训。第三，继续鼓励上海10所高校与云南10所高校以重点学科建设、科研工作、师资培训为纽带，开展校际对口交流合作；上海15所中等职业技术学校与云南9所职业技术学校开展校际对口交流合作，为云南9所中等职业技术学校培训师资。第四，加快教育合作发展。加快发展现代职业教育，适应长江上中下游劳动力转移流动的趋势，加强跨区域职业教育合作。结合教育和就业扶贫，重点以就业技能培训为切入点，把建档立卡贫困户务工就业和技能培训作为帮扶合作的重点，完善统一规范的劳动用工和跨区域培训教育等工作机制，帮助云南省职业教育加快发展。

（五）加强联系，建立稳定的互访机制

为加强滇沪两地学校之间的联系，促使双方共同提高，应建立稳定的互访机制。一是分管教育帮扶的领导互访。及时了解帮扶工作实施情况，确定下一阶段的工作重点，相互协调，保证帮扶工作顺利开展。二是教师互访，开展教研活动。主要以公开课、示范课、讲座课为载体，来提高帮扶学校教师在实际教学中的应用能力。三是学生互访。组织上海的学生与受援学校的学生建立"手拉手"互助互学活动。鼓励学生捐款、捐物，使受援学校贫困学生和学习困难生得到精神上、物质上和学习上的帮助,从而达到共同进步的目的。①

(六)优化资源配置,注重网络支教

进一步加强"网络化"建设,建立远程教育网络体系,充分运用"白玉兰"远程教育网络和三地州培训中心的设施开展远程教育合作,并逐步使之向云南全省其他地区扩展。继续加强教育信息化建设的帮扶合作,在教育信息化的软硬件方面给予重点支持,一是支持信息化终端配备。通过专项帮扶资金帮助相关薄弱学校配备一部分计算机和多媒体教学设备。二是支持教育教学资源建设。建立上海与地州之间的优质教育资源共享渠道,将上海在学校管理、教师教学、学生活动等方面的优质资源,包括制度建设、教学课件、课堂实录等,通过网络和结对学校资源共享。必要时还可以开展远程观摩学校活动、教育教学,远程授课、远程讨论等。

二、深化医疗帮扶合作,筑牢健康防线

《中共中央 国务院关于深化医药卫生体制改革的意见》中指出,"卫生系统要健全以县级医院为龙头、乡镇卫生院和村卫生室为基础的农村医疗卫生服务网络,同时城市大医院要与县级医院建立长期稳定的对口支援,帮助其提高医疗水平和服务能力。"长期以来,以医疗卫生基础设施建设、医疗设备的改进、医务人员的业务技能培训、远程医疗等形式为主的滇沪医疗卫生帮扶合作,对补齐云南医疗卫生事业短板,加快建设健康云南,助推决战脱贫攻坚、决胜同步小康起到了十分重大的意义。然而,面对医疗帮扶合作中培训"门槛"高、医疗服务体系可及性不高、适用性不强等突出问题,要调整帮扶合作机制,加强管理输出、技术帮带、人员培训、设备援助,继续深化医疗卫生对口帮扶合作。

---

① 《万荣县:开展对口帮扶 加强弱校建设》,《山西教育(管理)》2014 年第 11 期。

（一）推进"院院结对"，调整帮扶重心

在原已实施的上海24家三级医院的基础上，进一步将上海市卫生系统更多的三级医院纳入对口支援的范围，帮助受援地区医院改善医疗条件，提高办医水平。滇沪两地应认真落实2016年上海28家三级医院与云南28家贫困县县级医院签订的"结对帮扶合作协议"，尽快落实28支医疗队的到位情况，开展医疗工作。

针对目前"上海市三级甲等医院对接云南省县级医院存在供给与需求不匹配、资源得不到合理利用"的问题，应适当调整帮扶合作的重心，使得结对双方的供给与需求最优化。鉴于上海市三级甲等医院的专业分工较细，医生在诊疗过程中对仪器的依赖程度高，一些急重症手术需要一个团队合作才能完成，而云南省县级医院硬件设施、医技队伍等医疗资源的配置水平相对较低，对全科医生需求大的现实，可考虑由上海三级甲等医院重点帮扶云南省州（市）一级医院，再由上海市社区医院结对帮扶云南省县一级医院。上海市14个区与云南省7个少数民族自治州和1个地级市结对开展重点扶贫协作。其中：嘉定区中心、杨浦区人民医院与楚雄州人民医院和市人民医院结对，徐汇区、长宁区与红河州人民医院结对，静安区、虹口区人民医院与文山州人民医院结对，浦东新区、崇明区人民医院与大理州人民医院结对，松江区人民医院与西双版纳人民医院结对，青浦区人民医院与德宏州人民医院结对，闵行区、宝山区、嘉定区人民医院与迪庆州人民医院结对，黄浦区、金山区人民医院与普洱市人民医院结对。在两省市的区与州（市）结对基础上，推进相应的社区医院与贫困县级医院结对帮扶。

以加强县级医院能力建设为重点，签订对口帮扶协议时明确可操作、能考核的量化指标。紧紧抓住县域内医疗服务能力建设薄弱环节，与当前云南医改开展的分级诊疗、医联体建设、改善医疗服务等工作紧密结合，形成合力，开展有实际需求和有针对性的帮扶，并针对当地的疾病谱，通过医院对医院、科室对科室、团队对团队、"派下去""请上

来"的方式,提升县级医院外转患者较多的临床专科能力。

(二)加强医疗服务体系建设,助力健康扶贫

按照党中央、国务院决策部署,坚持精准扶贫、精准脱贫基本方略,要与深化医药卫生体制改革紧密结合,针对农村贫困人口"因病致贫、因病返贫"问题,突出重点地区、重点人群、重点病种,进一步加强统筹协调和资源整合,采取有效措施提升农村贫困地区医疗卫生服务能力,全面提高农村贫困人口健康水平,为农村贫困人口与全国人民一道迈入全面小康社会提供健康保障。因此,滇沪医疗卫生帮扶合作在医疗技术、学科建设、科研合作、医院管理的基础上,根据精准扶贫、精准脱贫工作要求,将健康扶贫工作列入重要工作日程,不断加大工作力度。

按照"填平补齐"原则,实施贫困地区县级医院、乡镇卫生院、村卫生室标准化建设,使每个连片特困地区县和国家扶贫开发工作重点县达到"三个一"目标,每个县至少有 1 所县级公立医院,每个乡镇建设 1 所标准化的乡镇卫生院,每个行政村有 1 个卫生室。加快完善贫困地区公共卫生服务网络,以重大传染病、地方病和慢性病防治为重点,加大对贫困地区疾控、妇幼保健等专业公共卫生机构能力建设支持力度。[①]

(三)重视人才队伍建设,提高医疗技术水平

按照"因地制宜、填平补齐"的原则,加强受援医院临床重点专科建设,主要包括内科(呼吸内科、消化内科、神经内科、心血管内科、肾病学等专业)、外科(普通外科、神经外科、骨科、泌尿外科、胸外科等专业)、妇产科、儿科(新生儿等专业)、眼科、耳鼻喉科、口腔科、精神科、肿瘤科、麻醉科、重症医学科、临床检验科、病理科、医学影像科以及近三年县外转诊率排名前 5 位的病种所在的科室和消毒供应中心建设。逐步推广应用适宜医疗技术,重点推广消化内科、呼吸内科、普通外科、

---

① 国家卫计委财务司:《关于实施健康扶贫工程的指导意见》(国卫财务发〔2016〕26 号)。

泌尿外科、胸外科、骨科、妇科、小儿外科等专业内镜诊疗技术和血液净化技术，技术准入符合有关技术管理规范。提高县医院儿童先天性心脏病等 20 种农村居民重大疾病的诊断和治疗能力。通过加强消毒供应中心建设等提高医院感染防控水平。同时，整合"万名医师支援农村卫生工程""东西部地区医院省际对口支援""国家医疗队巡回医疗"和"县级医院骨干医师培训"等各类项目，通过"派下去""请上来""团队带团队"和"科室对科室"等多种方式，使派驻支援人员与派出进修培训骨干进行置换，有计划地为县医院培养和造就一批技术骨干，建设人才梯队。[①]

（四）保障托底，补贫困地区医疗服务短板

面对滇沪合作的"有限目标、有限责任和有限时间"三个有限条件，应将对口帮扶财政资金直接投入老百姓的人力资本建设相关的公共资源享有问题上，构筑起多重医疗保障网，最终让贫困患者看得起病。在贫困地区已有的基本医疗保险、大病保险、医疗救助、疾病应急救助等健康保险制度的基础上，针对城乡基本医疗保险和大病保险对"因病致贫"问题无法兜底的现实，由对口帮扶资金来补缺。用帮扶资金为建档立卡贫困户购买"附加商业健康保险"，进行医保兜底。附加商业健康保险可以由专业的医疗保险公司来负责管理，目前上海的一些医疗保险公司可以做到疾病的科学分类，针对不同病种制定对应的治疗方案，并科学计算出不同治疗方案的医疗成本、保费支出等明细。不仅有利于疾病的科学合理化治疗、医疗资源的合理化利用，还有利于减轻患者的医疗负担。发挥协同互补作用，形成保障合力，力争对贫困患者做到应保尽保、应治尽治。

（五）互联互通，建立区域医疗卫生信息平台

远程医学是提升医院医疗技术水平，增强医院核心竞争力，促进医

---

① 国家卫生计生委：《关于印发深化城乡医院对口支援工作方案（2013—2015 年）的通知》（国卫医发〔2013〕21 号），2013 年 9 月 25 日。

院持续发展的必然趋势,也是合理配置区域卫生资源的有效途径。滇沪合作中要充分发挥政府和引导服务作用,继续加大"白玉兰"远程培训网络支持,发展互联网远程医疗和各具特色的健康服务产业。建议上海继续加强帮扶力度,适当加大远程医学帮扶资金的投入,国家卫生计生委远程医疗管理与培训中心与云南省远程医疗中心建立协作关系,构建国家、省、市(州)、县四级远程医疗协作服务网络,积极开展远程会诊、远程查房、远程病理及医学影像诊断、远程继续教育等活动。定期派出医疗队,为贫困县贫困人口重点疾病提供集中诊疗服务。通过远程医疗服务提高贫困县医疗服务水平和可及性,实现国家远程医疗帮扶云南全覆盖。此外,还可以通过医疗卫生信息平台的合作共建,强化对传染病、慢性病、寄生虫病、地方病、职业病和出生缺陷等疾病的联检、联防、联控,加强计划生育服务与管理协作。同时,作为被帮扶方的云南,要规范远程医疗行为,加强立法,制定统一合理的收费标准并纳入社会医疗保障体系,鼓励一机多用,拓宽远程医学功能。

此外,远程医学的发展在推动云南医疗卫生信息化建设进程的同时,借助区域性远程医学预防诊治网络体系,也有机地将上海大型公立性医院的人才、技术优势资源和办院理念以低成本高效能方式引入云南,一定程度上缓解了边远地区群众"看专家难"的问题,实现了边疆人民群众的属地诊疗、基层卫生人才属地在岗培训。[①]

(六)凝聚力量,开展"组团式"医疗帮扶

借鉴贵州、辽宁等省市经验,采取"组团式"方式开展新一轮对口帮扶工作,根据受援医院功能定位和建设发展实际,结合当地卫生发展水平和医疗服务需求,向贫困县县级医院派驻 1 名院长或者副院长和至少 5 名医务人员蹲点帮扶,重点加强近三年县外转诊率排名前 5—

---

① 温浩、李勇等:《新疆区域性远程医学体系构建与应用》,《中国卫生信息管理杂志》2013 年第 4 期,第 313—317 页。

10 位的临床专科能力建设,推广适宜县级医院开展的医疗技术,提升医疗服务能力。"组团式"帮扶内容还包括开展"2+5"专科帮扶,支援医院根据受援医院功能定位和建设发展实际,通过派驻和建立医联体等多种形式,帮助受援医院加强重症医学和急诊急救学科建设,并从受援医院近三年病人外转诊率排名靠前的临床专科中选择 5 个以上重点专科进行重点帮扶。以及开展远程医疗协作、人才培养合作、支持提升急诊急救能力、支持中心血站提升管理服务能力、开展疾控防控帮扶合作等内容。① 通过"组团式"健康帮扶工作,逐步建立起多层次、全覆盖、科学合理的对口帮扶合作新格局。到 2020 年,通过"一对一"的对口帮扶,每年为受援医院"解决一项医疗急需,突破一个薄弱环节,带出一支技术团队,新增一个服务项目"②,使其到 2020 年达到二级医疗机构服务水平(30 万人口以上县的被帮扶医院达到二级甲等水平)。

(七)强化责任制,开展对口帮扶目标管理

支援医院要指导和协助受援医院按照"四个一"的目标要求,制订 3 年对口支援工作规划和年度工作任务,按照县医院的功能定位,结合县域经济社会发展状况、地理环境和交通条件、服务人口和医疗服务需求等因素,重点针对当地的疾病谱、农村居民重大疾病医疗保障病种和医院薄弱科室,以提升服务能力和文化内涵为核心,明确支援重点,开展科室对科室的帮扶,制定具体实施步骤和措施,并签署目标协议,明确支援和受援医院院长为城乡医院对口支援的共同第一责任人,科主任为科室帮扶的共同第一责任人。支援医院和受援医院要按照对口帮扶目标开展自评,不断改进对口帮扶工作。国家和省级卫生计生行政部门要做好年度评估和 3 年协议期末评估工作。③

---

① 王济林:《74 家医院结对帮扶贵州》,《健康报》2017 年 1 月 3 日。

② 孙雷:《辽宁开展"组团式"健康扶贫》,《中国人口报》2016 年 8 月 2 日。

③ 国家卫生计生委:《关于印发深化城乡医院对口支援工作方案(2013—2015 年)的通知》(国卫医发〔2013〕21 号),2013 年 9 月 25 日。

三、深化文化帮扶合作，助力文化云南

文化作为一定社会经济和政治的反映，在经济社会发展过程的导向、调试、保障功能越来越重要。针对我国贫困地区公共文化建设落后、发展不均衡等现状，2015 年 12 月，文化部、财政部、国务院扶贫办等 7 部委联合印发了《"十三五"时期贫困地区公共文化服务体系建设规划纲要》（以下简称《纲要》），将文化帮扶作为支持贫困地区公共文化发展的一项特殊措施并提出了具体任务，《纲要》强调"建立文化结对帮扶工作机制，动员社会各界参与帮扶"。滇沪对口帮扶长期以来重视文化的帮扶合作，通过文化活动室、图书馆、文化馆等基础设施和配套设施的援建，丰富了贫困地区人民日益增长的精神文化需求，实现了物质文明与精神文明的全面、协调、可持续发展，为云南贫困地区的现代化建设提供强有力的精神动力和智力支持。下一步，要重点从完善配套设施、健全管理服务、增强农民主体意识、保护和利用民族传统文化等方面着手，深化滇沪文化帮扶合作。

（一）补短板，进一步完善贫困地区公共文化设施网络

滇沪文化事业对口帮扶与合作过程中，需根据国家基本公共文化服务指导标准和地方实施标准，继续加大对云南贫困地区农村公共文化设施的建设力度，加快对口帮扶的贫困地区综合性文化服务中心建设，深化文化帮扶合作力度，通过盘活存量、调整置换、集中利用等途径，实现贫困地区村级综合性文化服务中心的全覆盖。配套新纲要示范村建设，援建一批科技文化站、村民活动室、社区服务中心、远程网络终端等公共服务设施，共建一批民族文化交流与合作基地。针对目前"图书馆有馆无书、体育馆有馆无配套，投入建设的实验室、图书馆等场馆被闲置，帮扶项目形成的资产低效利用"等突出问题，需加大设施改进落后的图书馆、艺术馆、博物馆，完善书籍、器材、设备等投入改造力度，完善配套设施和功能。

（二）畅渠道，打通贫困地区公共文化服务"最后一公里"

结合云南贫困地区山区面积大、居住分散、交通条件滞后的现实，滇沪文化事业帮扶合作过程中，需建立灵活机动的文化流动服务网络，有效扩大服务半径。一方面，加大乡镇文化馆和村级文化活动室的信息化建设，积极构建数字化公共文化资源库和公共文化服务平台，推进基层数字化公共文化服务的综合管理和"一站式"服务；另一方面，以统一管理、统一服务为重点，推广公共文化机构总分馆制，加强县一级的数字化公共文化平台建设，引入上海的数字图书馆、数字文化馆、数字博物馆的资源和管理方式，建立便捷高效的公共文化资源配送服务体系，共享上海的高科技文化信息资源。

（三）尊民意，创建"按需点单"的公共文化服务模式

滇沪文化事业帮扶合作中，以创新公共文化服务为切入点，突出农民在文化事业帮扶合作中的主体地位，把他们从以往的"看客"变为文化建设中的"主体"。[1] 一方面，滇沪文化事业帮扶合作需创新服务供给方式、支持群众自主参与、推进政府购买服务、鼓励社会力量参与等多种形式，激发帮扶合作地区公共文化发展活力，提高贫困地区公共文化机构服务能力，加强其公共文化资源整合能力，滇沪文化事业帮扶合作过程中可探索创建"按需点单"公共文化服务模式，提高文化帮扶合作的服务效能。另一方面，滇沪文化事业帮扶合作过程中，需着力强化贫困地区的农村公共文化设施建设，更多地考虑到帮扶地区农民的实际需要，不搞盲目建设和超规模建设，确保帮扶地区农民享有对这些公共文化设施的使用权。滇沪在实施对口帮扶公共文化设施建设过程中，需对帮扶地区农民的文化需求开展充分调查研究，在此基础上有针对性地进行公共文化设施的建设提高，建设成效。同时让帮扶地区农民自己对农村公共文化设施的使用和管理进行监督，增强其主人翁意识。

---

① 蒋旭峰、曹甜甜：《从"送来文化"到"自办文化"——传播学视野下的新农村文化建设研究》，《中国地质大学学报（社会科学版）》2012 年第 4 期，第 121 页。

（四）有创新，依托文化创意产业传承云南非物质文化遗产

滇沪文化产业合作中，可借鉴上海文化创意产业发展的经验，尤其是在文化创意产业园区建设、文化创意产业集群打造、文化创意产业融合发展等领域的经验。针对当前上海互联网产业资源的配置及云南丰富的少数民族非物质文化遗产资源的现状，在文化产业视野下，通过滇沪合作，促进云南非物质文化遗产数字化保护、传承与转化。非物质文化遗产的数字化保护与传承，通过滇沪两地文化部门合作和引导，采用娱乐化、产品化的策略，促进云南非物质文化遗产的数字化产品转化，使人们通过移动互联网终端学习和认知云南的民族传统文化，增强云南文化自信，弘扬民族文化精神。例如通过上海的网络动画和游戏软件企业的交互设计，借助移动互联网使人们体验到云南民族地区传统技艺的制作过程和民族文化内涵等。通过滇沪共促非物质文化遗产的数字化保护，彰显云南民族地区文化传承价值。加强云南民族文化数字化产品转化，搭建滇沪文化事业合作载体和平台，传承和保护云南非物质文化遗产。

（五）文旅合，加大文化旅游产业的交流合作

滇沪文化旅游产业合作，最具广阔的市场开发前景。滇沪合作开发文化旅游产业，将促进云南地方经济的发展，进一步提升云南文化旅游产业的知名度、影响力和吸引力。① 云南丰富的旅游资源和民族文化资源禀赋，注定了两大产业的紧密结合、互动发展有着广阔的前景和巨大的潜力。滇沪文化合作应积极巩固前期旅游合作成果，完善两地旅游协调工作机制，深化旅游产业规划、旅游项目建设、旅游信息建设、旅游市场开拓、旅游教育培训等领域的合作与交流，重点加大文化旅游产业的合作开发，重点推进长江经济带全域旅游发展，重点实施民族文化旅游特色村项目建设，并开发特色乡村旅游示范村项目。滇沪双方

---

① 马英：《云南文化旅游产业的发展战略研究》，《经济问题探索》2009 年第 6 期，第 126 页。

旅游互推、客源互送、相互合作,积极开展旅游节庆活动,集中展示、宣传、营销云南特色旅游线路和旅游特色产品,产业发展不断升级。打造云南的旅游文化资源,采取有力措施打造、提升文化品牌,大力发展文化产业,让文化来提升旅游素质、丰富旅游内涵、提高旅游档次,从而建设独具特色的旅游目的地文化,让旅游来促进文化事业建设、文化产业发展,最终实现文化与旅游双赢,推进两大产业科学发展、加快发展、跨越发展。

(六)育人才,注重文艺类人才的培养

依托上海文化艺术院校师资力量,继续在滇沪两地分别举办"文化行政管理干部研修班""文化产业发展与经营管理培训班"和"云南文化系统戏剧创作高级培训班"等,就编剧、编导、舞美及创作,文化创意、文化营销,公共文化管理等内容进行培训。按照云南省文化厅与上海音乐学院在沪签订的合作交流框架协议,滇沪两地应在培养艺术人才方面开展全方位的合作与交流,内容涉及开展高层次学历教育,接受访问学者进修学习,对云南优秀艺术人才多层次的培养,建立"上海—云南中国民族音乐研究创作基地",建立"云南—上海民族音乐人才培养实习实训基地"等五个方面。

四、深化科技合作,推进技术转移

上海与云南建立科技对口帮扶及交流合作关系以来,本着"资源共享、互利共赢"的原则,开展领域广泛的合作,并取得一定成效。下一步,要加大科技合作力度,以平台为依托,着力推进技术转移;以共赢为目标,着力构建合作机制。

(一)增强自主创新能力,强化创新基础平台

从上海方来说,一方面,增强自主创新能力,打造创新示范高地,加快建设具有全球影响力的科技创新中心,推进全面创新改革试验,形成一批可复制、可推广的改革举措和重大政策,以供云南参考借鉴;另一

方面,强化创新基础平台,利用上海现有国家工程实验室、国家重点实验室、国家工程(技术)研究中心、国家级企业技术中心,支持云南建设一批地方联合创新平台,建立和完善一批创新成果转移转化中心、知识产权运营中心和产业专利联盟。

(二)以提升科技创新能力为主线,着力推动"三个拓展"

在新一轮的滇沪科技合作中,以项目为抓手,着力实施重点领域科技攻关,将上海的技术转移到云南,以提升科技创新能力为主线,着力推动"三个拓展",不断提升滇沪科技合作的水平。一是推动滇沪科技合作从"点"上向"面"上的拓展。以"科技入滇对接会"等重大科技交流活动为桥梁,充分挖掘"上海科技中心""上海—云南技术转移基地"的潜力,发挥辐射带动作用,逐步形成区域大合作的格局。二是推动滇沪科技合作从前端向后端的拓展。组织引导各类创新主体,发挥云南丰富的自然资源和上海市场开拓方面的优势,使科技成果真正在云南落地,共同开拓南亚东南亚市场。三是推动滇沪科技合作从经济向民生的拓展。围绕上海对口帮扶云南四州市的实际需求,加大在公共安全、民生保障、生物资源开发、环境治理等领域的科技合作力度。

(三)以共赢为目标,建立科技合作机制

重点在智能电网、生物医学、产业与环保节能技术等领域推进滇沪科技合作。一是进一步推动《云南省互联网信息办公室上海交通大学"云南南亚东南亚网络空间安全与信息化辐射中心"建设战略合作协议》《云南省科学技术厅上海交通大学科技战略合作协议》《云南省环境保护厅上海交通大学合作框架协议》《云南科学技术院上海交通大学先进技术产业研究院关于智慧灯车网与新能源汽车相关领域战略合作框架协议》4项协议。二是就园区共建、产业对接、科技金融、技术人才等方面开展合作,加强与同济大学、上海复旦大学儿科医院、上海大学建立的4个院士、专家工作站的建设,加强对云南生物科技、有色金属、儿科医学的研究。三是继续办好每年一次的"滇沪科技合作对接交流活动"，促进滇沪两地专家的互动交流，进而推动项目合作。

五、深化智力帮扶合作，实现"授人以渔"

滇沪对口扶贫协作过程中必须重视对人的帮扶与发展，促进帮扶合作的贫困地区自我发展内在动力提升，最终实现脱贫致富的目标。授人以鱼不如授人以渔，智力帮扶是滇沪对口帮扶合作的重中之重。

（一）传帮带，注重人才交流

随着贫困地区条件的改善，当地群众的生活方式、思想观念、价值行为、消费取向等也都已发生变化，如果没有后续的支撑，很难最终摆脱贫穷落后的局面。因此，在保证"授人以鱼"式的资金项目帮扶基础上，要进一步加强"授人以渔"式的精神帮扶、能力帮扶和思想帮扶。一是坚持做到"肩并肩"，切实拓宽扶贫协作领域。广泛开展滇沪双方人才交流，促进观念互通、思路互动、技术互学、作风互鉴。建立优秀干部定期互派挂职和专业技术人才引进长效机制，采取双向挂职、两地培训和支教、支医、支农等方式，加大教育、文化、卫生、科技等领域的人才支持，把上海市的先进理念、人才、技术、经验等要素引入云南贫困地区，为云南省的脱贫攻坚提供智力保障和人才支撑。二是开展两地中小学生交流互访、环境互换等夏令营活动，帮助两地学生异地体验，提高认知，触发共鸣。三是进一步加强人才信息交流，建立两地顶尖人才、领军人才信息库，推荐知名专家、企业家、专技人才担任两地经济发展咨询员，为两地经济社会发展"问诊把脉"。

（二）"按需点单"，加强人才对口培训

第一，进一步加大两省市干部挂职交流和锻炼培养，进一步推进高层次管理人才、高技能人才交流与引进等方面的合作，加强在教育、卫生、农业、环保、科技、金融、城市规划、管理等方面的人才培训。有计划地组织各行业专业人员及青年志愿者到云南省贫困地区开展智力帮扶。加大职业技能培训力度，支持云南贫困群众到东部发达省区就业。

继续推动人才干部培养,加强能力建设。向国务院扶贫办申请建立"东西扶贫协作劳动力转移培训基地";建立双向人才交流机制,设立人才专项奖励基金;加强重点领域急需紧缺人才、高端人才和少数民族人才培训力度。完善干部挂职、培训制度。降低门槛,到沪挂职干部可由处级向科级,甚至村两委干部延伸。[①] 第二,发挥现代远程教育优势,大规模培训对口地区中小学教师、医疗卫生人才、基层管理干部、农产品经纪人、农村致富带头人、农业技术员等实用人才。营造良好创新创业生态,大力推动大众创业、万众创新,为帮扶贫困地区群众尤其是以大学生为主体的创新力量提供低成本、便利化、全要素的创新创业综合服务平台。

(三)提供就业创业优惠,加强劳动力转移

结合云南省农村劳动力转移行动计划,搭建劳务输出信息服务平台,大力推进劳务经济产业化发展。以市场化方式,有序组织对口地区农村劳动力就地就近就业和面向东部沿海地区的异地就业。将对口地区大学毕业生纳入上海市大学生创业扶持项目,享受上海市当地大学生就业创业优惠政策。面向上海市劳动力就业需求,建立一批特色劳动力培训基地和就业服务基地,加大定向招工力度。向国务院扶贫办申请在沪建立"东西扶贫协作劳动力转移培训基地",有计划有针对性地培训有一定文化基础的山区青年。

总而言之,推进滇沪社会事业合作发展,是完善政府社会管理和公共服务职能、统筹东西部经济社会协调发展的重要任务。只有牢牢抓住民生改善不放松,编织好社会事业这张"兜底网",才能切实解决云南贫困群众的生活难题,切实提高生活水平,加快对口帮扶地区脱贫奔小康的步伐。

---

① 张体伟:《发达地区对口援藏与云南藏区提升自我发展能力研究》,中国社会科学出版社 2017 年版,第 87 页。

第六章　滇沪共建长江经济带绿色廊道的合作重点及路径选择

　　针对滇沪帮扶合作未将生态保护与环境治理纳入重点合作内容的现实问题,结合融入长江经济带省际间生态环保合作的思路尚不清晰、认识尚未提高、平台载体尚未建立完善,以及跨省际生态环保合作领域狭窄、统筹协调机制不畅、合作机制不完善、生态补偿机制尚未建立等突出问题,为有效推进改革开放排头兵的上海市与生态文明建设排头兵的云南省加强合作,促进滇沪双方共建长江经济带绿色廊道、共筑生态安全屏障,从滇沪环保合作的总体思路上、认识上、重点路径上、平台载体与体制机制上、政策保障上,探索提出新举措、新思考。

第一节　创新环保合作新思路

　　滇沪生态环保合作需坚持"创新、协调、绿色、开放、共享"五大发展理念,以滇沪共融长江经济带战略为主线,合作的重点及路径选择上需围绕"一理念、一廊道、一产业、一平台、一机制"的总体思路,坚持生态优先,以规划为引领,以平台为支撑,以体制机制为保障,共建长江经济带绿色廊道、共筑生态安全屏障,把滇沪省际间生态建设区域合作推向新高度,打造东西部生态治理协作的又一典范。

> **专栏 6-1　"一理念、一廊道、一产业、一平台、一机制"的总体思路**
>
> "一理念"：即以"生态优先"理念为引领，唱响绿色发展"主旋律"。
>
> "一廊道"：即以长江经济带和云南金沙江开放合作经济带、澜沧江开发开放经济带、沿边开放经济带等规划为引领，共建长江经济带绿色廊道、共筑生态安全屏障。
>
> "一产业"：即通过滇沪深化合作，培育绿色发展新动能，以市场为引领促进绿色产业互融。
>
> "一平台"：即共建长江经济带省际环境交易所、环境要素交易中心。
>
> "一机制"：即以制度为保障，健全跨省际生态环保统筹协调机制，构建环境污染联防联控机制；组建长江经济带生态补偿委员会，探索跨省际生态补偿机制；创设滇沪绿色发展基金，组建滇沪环保投资公司；发展绿色金融，推进一批生态环保 PPP 项目实施，多措并举，深化滇沪省际间生态建设区域合作。

通过滇沪主动服务和融入国家长江经济带战略，加强生态环保合作，力争到 2020 年，云南主要生态环保指标达到国家和全省要求，全面完成主要污染物减排任务，主要能耗指标达到国内先进水平，水资源得到有效保护和合理利用，河湖、湿地生态功能基本恢复，水质优良率明显提升，城乡环境质量得到有效改善，生态环境保护体制机制进一步完善，初步建成功能合理、系统完善的生态安全格局，"两型"社会建设成效初显，生态系统功能增强，区域可持续发展能力提升，生态环境更加美好，经济、社会与生态环境步入协调发展的轨道，共同把七彩云南建设成为我国西南边疆的美丽花园，共促云南成为全国的生态文明建设排头兵。

第二节　唱响绿色发展"主旋律"

长江经济带建设主要面临流域系统性保护不足与生态功能退化严重、污染物控制与饮用水安全保障任务艰巨、沿江工业环境风险隐患突出与守住生态安全底线压力大、部分地区城镇开发建设严重挤占江河湖库生态空间、经济社会发展与生态环境保护矛盾凸显等突出问题，上海在长江经济带建设中处于"龙头"地位，是改革开放的最前沿；云南作为我国面向南亚东南亚的辐射中心，处于长江经济带的"龙尾"地位,是沿边开放的最前沿,也是长江经济带的生态安全屏障。滇沪双方需要统筹地站在中央加大东西部协作、推进西部大开发的高度上,上升到民族团结进步、边疆稳定繁荣以及长江经济带生态屏障建设的高度上,深刻领会服务于"两个大局"思想和帮扶合作的战略地位,"龙头"与"龙尾"互相呼应、互动发展,共推长江经济带发展,统筹好重点开发区与主体功能区利益关系和建设进程,拓展生态环保合作空间,加强跨区域的生态环境建设和保护的综合协调,坚持绿色发展,走出一条生态优先、绿色发展之路,真正唱响绿色可持续发展"主旋律"。

一、牢固树立绿色发展理念

滇沪生态环保合作应主动服务和融入长江经济带战略,牢固树立起"创新、协调、绿色、开放、共享"的发展理念,始终贯穿在长江经济带建设中,坚持"生态优先、绿色发展"的理念,把修复金沙江、长江的生态环境摆在压倒性位置,在保护的前提下发展,实现经济社会发展与资源生态环境相适应。坚持"一盘棋"思想、统筹发展,共推长江经济带发展。共推长江黄金水道建设,发挥上海生态环保技术优势和云南生态资源环境的比较优势,用好双向开放的区位资源,以市场机制统筹配置好各种生态要素,建设好生态文明建设的先行示范带。坚持江湖和谐、生态文明,倒逼长江经济带加快转变经济发展方式,构建沿江绿色发展轴,打造科学合理的城市化格局、农业发展格局、生态安全格局、自然岸线格局,滇沪共建绿色低碳循环发展产业体系,健全长江经济带生态环境保护和水资源管理制度,强化全流域生态修复,保护和改善长江、金沙江流域生态服务功能,走出一条绿色低碳循环发展的道路。

滇沪生态环保合作过程中,牢固树立绿色发展理念,坚持源头控制与末端治理并重。云南树牢"绿水青山就是金山银山"理念,以解决生态环境领域突出问题为抓手,以绿色低碳循环发展为途径,以制度创新为动力,以重点工程为依托,以生态文明建设为保障,加快引进上海等发达地区的节能减排重点行业共性、关键技术及重大技术装备产业化示范项目,加快引进和实施一批再生资源综合利用技术、节能技术改造及循环经济高技术产业化示范项目,推进落实钢铁、有色金属、化工、建材等传统产业生产工艺绿色化升级改造和能源消耗系统节能低碳改造,引进和推广节能新技术新产品,加快节能技术产业化示范和推广,加大长江流域上下游环境协同治理力度。结合滇沪对口帮扶项目实施,做好生态脆弱区易地搬迁移民工作。

二、共建长江经济带主体功能区

深化滇沪合作机制,扩大合作空间和范围,从人居环境改善到小流域治理,再上升到主体功能区共建的层次,加强重点生态功能区保护。探索经济带水生态环境保护与修复的途径[①],发挥主体功能区作为国土空间开发保护基础制度的作用,控制开发强度,调整空间结构,构建科学合理的生产空间、生活空间、生态空间,分类治理长江经济带的发展空间。强化长江全流域生态修复,增强长江生态功能,改善长江经济带发展环境,发挥其在生态文明建设中的先行示范作用。全面落实主体功能区规划,明确生态功能分区,划定生态保护红线、水资源开发利用红线和水功能区限制纳污红线。以水源涵养、水土保持、水污染防治、生物多样性保护为重点,禁止开发区实行特殊保护,严禁与主体功能定位不符合的开发活动,将不适合居住和开发的区域、水源保护区域、森林和野生动植物保护区域的居民逐步有序外迁。[②] 有序推进全省 39 个国家主体功能区建设试点示范。加强保护和修复水生态,妥善处理好江河湖泊关系、加强水生生物多样性保护、促进沿江森林保护和生态修复,重点加强水源地特别是饮用水源地保护、优化水资源合理配

---

① 袁永友、尹晓波:《论环保革命对长江经济带外向型经济发展的影响》,《国际经贸探索》1998 年第 3 期,第 64—67 页。

② 《云南省国民经济和社会发展第十三个五年规划纲要》。

置、建设节水型社会。合理划分岸线功能、有序利用岸线资源。加快制定生态环境保护、岸线资源利用等专项规划。合作共建水生态功能区，重点抓好洱海、抚仙湖等高原湖泊的入湖河道综合治理。以国际重要湿地、国家及省级重要湿地、湿地类型自然保护区、国家湿地公园为重点，加强自然湿地保护力度，提高湿地生态保护水平。通过 PPP 等融资途径，推进大中型灌区续建配套和节水改造，突出"五小水利"和高效节水灌溉建设。重点做好坡耕地综合整治和以坡面水系工程为主的小流域综合治理。推进云南石漠化综合治理，强化水土流失预防监督，积极推进金沙江流域水土保持综合治理项目；监测评估三峡库区及其上游流域断面水质，贯彻落实重点流域水污染防治行动计划，建立阿海、金安桥、鲁地拉、溪洛渡、向家坝等电站库区水质生态环境保护长效机制，打好水污染攻坚战。培训和引进水功能区动态监测和科学管理人才，强化水资源保护和水污染防治力度，加快生态河道建设和农村沟塘综合整治，严控地下水开采，深入推进水土保持生态建设，共推水资源承载能力监测预警机制建设。强化重点流域、重点地区生态治理，加强水生态保护，推动流域联动协同治理，多措并举严格保护一江清水，滇沪合作把长江经济带努力建成绿色的生态廊道、安全的生态屏障。

三、推进生态环保一体化

促进长江经济带生态同保共育，完善生态安全格局，强化区域环境联防联控，切实加强跨界水污染和区域性大气、土壤及固体废弃物污染等整治，加大金沙江流域的保护与治理，加快环保基础设施共建共享，搭建环境监管协作平台，共建宜居宜业生态文明家园。通过滇沪生态环保合作，共筑生态安全屏障，共治金沙江、长江生态环境，共推水、大气、土壤污染防治行动计划。坚持保护优先、自然恢复为主，促进实施山水林田湖生态保护和修复工程；推动土地复垦监管信息化，不断优化土地复垦方案审查备案制度，逐步完善土地复垦管理机制；着力推进国土绿化,稳步推进生态建设,支持开展大规模国土绿化行动,加强流域水环境和流域生态保护合作,打造长江流域上下游水环境综合治理、大气污染控制等生态环境监测网和联防联控平台,研究成立长江经济带节能减排区域性合作组织。高度重视长江流域的湿地保护问题,与耕地红线一样,加强湿地红线的管理。加快湿地公园建设与实施重大生态修复工程相结合,大力开展抢救性保护。

第三节　共建流域绿色生态廊道

坚持走生态优先、绿色发展之路,滇沪生态环保合作把修复生态环境摆在压倒性地位,以长江经济带和云南金沙江开放合作经济带、澜沧江开发开放经济带、沿边开放经济带等规划为引领,实施重大生态修复工程,推进区域生态共同建设、共同保护、共同监管,统筹推进生态环保基础设施完善,共同打造经济带绿色产业,协同促进新型城镇化建设,合力推进脱贫攻坚,共促对内对外双开放,消除云南跨越发展的瓶颈,补齐生态环保短板,共筑长江经济带生态安全屏障,共建绿色生态廊道。

一、构建生态安全屏障

(一)以"森林云南"建设为抓手,探索推进滇沪生态保护合作

以滇沪合作为引擎,探索滇川、滇渝、滇黔、滇鄂等省际生态保护合作机制,继续支持实施和巩固"长防林工程",完善长江中上游天然林保护制度,修复"长防林工程"森林生态系统。滇沪生态环保合作共推金沙江、长江流域天然林保护和公益林建设,推进流域内国家珍贵林木和储备林基地建设。加强流域内的森林防火、森林病虫害生物防治体系建设和野生动物疫源疫病预警防控体系建设。以"森林云南"为抓手,在金沙江、长江经济带生态脆弱区继续实施退耕还林还草,推进陡坡地生态治理,强化防护林体系建设。推进国有林场改革和自然保护

区管理体制改革,增强流域森林碳汇功能,建立和完善林业碳汇计量监测体系。增强森林生态系统服务功能,加强新造林地管理和森林抚育,完善森林资源经营管理体制。合力探索推进国家公园建设,扩大国家公园试点范围。充分挖掘、保护和弘扬云南多民族的优秀传统生态文化,推进生态文化创新,提高流域民族特色生态文化影响力。持续推进"森林云南"建设,提升生态功能,筑牢长江经济带生态安全屏障。

（二）以主体功能区规划为抓手,重点实施一批生态安全屏障建设工程

拓展滇沪省际生态环保合作的空间,重点实施一批主体功能区规划,划定经济带流域生态保护的红线,共同强化国土空间合理开发与保护,联合加大重点生态功能区建设和保护力度,合力构建生态安全屏障。以退耕还林工程、天然林保护工程、自然保护区建设工程、防护林体系建设工程、石漠化治理工程、高原湿地保护与恢复工程、森林公园和沿江国家公园建设工程等为抓手,加快实施一批生态安全屏障建设重点工程。

专栏6-2　生态安全屏障建设重点工程①

退耕还林工程。结合新一轮退耕还林还草工程,对符合退耕条件的25度以上坡耕地、重要水源地和石漠化地区15—25度坡耕地,逐步实施退耕还林还草。

天然林保护工程。加强森林资源管护、公益林建设和森林抚育,对区域内森林实施全面有效管护。

自然保护区建设工程。加快轿子山、会泽黑颈鹤、大山包黑颈鹤、药山、白马雪山、乌蒙山、长江上游珍稀特有鱼类(云南段)7个国家级、会泽驾车、拉市海高原湿地、玉龙雪山、泸沽湖、碧塔海、哈巴雪山、纳帕海等11个省级和25个州(市)级、9个县级自然保护区建设。

防护林体系建设工程。以金沙江流域及高原湖泊为重点,全面推进防护林体系建设和水土保持综合治理。

石漠化治理工程。推进德钦、维西、香格里拉、宁蒗、华坪、玉龙、古城、鹤庆、禄劝、会泽、昭阳、鲁甸、巧家、永善等长江流域内的石漠化综合治理。

高原湿地保护与恢复工程。实施滇池、程海、泸沽湖等湿地生态保护与修复工程,鹤庆草海湿地生态保护与修复工程。

森林公园和沿江国家公园建设工程。建设铜锣坝、飞来寺、金钟山等森林公园,建立1个乌蒙山系国家公园,建设普达措、梅里雪山、白马雪山、老君山、大山包国家公园。

---

① 资料来源:《云南金沙江开放合作经济带发展规划(2016—2020年)》。

（三）通过生态重点工程建设，打造生态安全格局

滇沪跨省际生态环保合作，探索促进金沙江、长江流域水源涵养区、交通沿线、城镇面山生态治理和植被恢复，推动森林质量提升和生态环境持续改善，恢复湿地生态功能。加强合作，投入人力、物力和财力，加强物种及其栖息繁衍场所保护，推进野生动物疫源疫病监测体系建设，强化自然保护区、森林公园和国家公园建设和管护。合力构建以青藏高原东南缘生态屏障、哀牢山—无量山生态屏障、南部边境生态屏障、滇东—滇东南喀斯特地带、干热河谷地带、高原湖泊区和其他点块状分布的重要生态区为核心的"三屏两带一区多点"生态安全格局。①

专栏6-3　"三屏两带一区多点"生态安全格局②

"三屏障"：即青藏高原东南缘生态屏障、哀牢山—无量山生态屏障和南部边境生态屏障。滇西北青藏高原东南缘生态屏障，是怒江、澜沧江、金沙江三江水源涵养的重要区域，是滇金丝猴等重要物种的栖息地，属国家川滇森林及生物多样性生态功能区，有7个省级重点生态功能区。哀牢山—无量山生态屏障，属国家川滇森林及生物多样性生态功能区，有2个省级重点生态功能区。南部边境生态屏障属国家川滇森林及生物多样性生态功能区，有5个省级重点生态功能区。

"两带"：即滇东—滇东南喀斯特地带、干热河谷地带。前者地处云南东南部与贵州、广西接壤的喀斯特地带，属桂黔滇喀斯特石漠化防治国家重点生态功能区，有6个省级重点生态功能区。后者包括金沙江、怒江、澜沧江、元江（红河）等江河及其支流的干热（干热、干暖）河谷，是典型的生态脆弱带，有11个省级重点生态功能区。

"一区"：即高原湖泊区。云南省内面积1平方公里以上的天然湖泊44个，其中滇池、阳宗海、抚仙湖、星云湖、杞麓湖、异龙湖、洱海、程海、泸沽湖是省内九大高原湖泊，属国家川滇森林及生物多样性生态功能区，有2个省级重点生态功能区。

"多点"：其他点块状分布的重要生态功能区域。包括轿子山、苍山洱海、高黎贡山、白马雪山等20个国家级自然保护区，铜壁关、珠江源、帽天山等38个省级自然保护区，狮子山、蝴蝶泉、石宝山等58个州（市）级自然保护区，彩色沙林、磨盘山等43个县级自然保护区；丽江古城、"三江并流"自然景观、石林、澄江化石遗址、红河哈尼梯田等5个世界遗产地；拉市海、纳帕海、大山包、碧塔海等国际重要湿地，普者黑、沅源西湖等7个国家湿地公园，以及国家级和省级重要湿地；松华坝水库、东风水库等49个城市饮用水源保护区；大理、西双版纳、腾冲火山热海等12个国家级风景名胜区，昆明阳宗海、通海秀山等54个省级风景名胜区；金殿、魏宝山等27个国家级森林公园，小黑江、大围山等14个省级森林公园；石林岩溶峰林1个世界级地质公园，禄丰恐龙、大理苍山等9个国家级地质公园；抚仙湖特有鱼类、怒江中上游特有鱼类等14个国家级水产资源保护区，漾弓江流域小裂腹鱼、南滚河特有鱼类等2个省级水产资源保护区；官渡区、嵩明县、寻甸县、沾益区、会泽县等5个省级牛栏江流域上游保护区水源保护核心区等。属禁止开发区域，是国家和云南生物多样性宝库的主要载体。

---

① 《云南省国民经济和社会发展第十三个五年规划纲要》。
② 《云南省国民经济和社会发展第十三个五年规划纲要》。

二、加强环境保护治理

为强化金沙江、长江流域水资源保护和合理利用,滇沪等跨省际环保部门可建立多方合作机制,实施一批环境污染治理的重点工程,加强环境综合治理。在滇沪省际合作框架协议下,拓展合作内容和空间,探索结合云南美丽家园建设,着力解决云南农村"垃圾围村"、农业面源污染等环境问题。推进沿江沿岸农村环境综合整治,降低江河湖库农药和化肥等面源污染力度。借鉴沪迪对口帮扶合作经验,在农村人口比较集中区域,建设垃圾集中处理池,解决"垃圾围村"现象。积极推进城镇污水处理设施和配套污水管网建设,实施一批城镇的"一水两污"项目,提高城镇污水处理设施处理效率,改善城乡人居环境。重点实施生态清洁小流域综合治理及退田还草还湖还湿。加强金沙江重点区域水土流失治理和地质灾害防治,支持开展地质灾害应急中心和系统平台建设,提高地质灾害应急处置工作的信息化、科学化、专业化水平。全面推行"河长制",完善水功能区监督管理制度,严控排污总量;建设绿色生态矿山,合理高效开发利用矿产资源,推进尾矿安全、环保存放和再次开发利用,妥善处理处置矿渣等大宗固体废物。实施大气污染防治行动,加大火电、钢铁、水泥、化工、有色金属冶炼等重点行业大气污染治理力度,淘汰落后产能,尤其是严控"三高"项目落地,开展强制性清洁生产审核。强化经济带工业排放监管,加大沿江化工、有色金属等排污行业环境隐患排查和集中治理力度。建立长江经济带绿色廊道建设中环境风险大的产业园区退出及转型机制。

专栏 6-4　环境污染治理重点工程①

　　水污染综合防治工程。流域内工业用水污染防治、区域水环境综合整治、城镇生活污水和垃圾处理及配套设施建设、农业面源污染治理、畜禽养殖污染防治、饮用水水源地污染防治、内污染源治理、矿区污染治理与生态恢复、历史遗留矿区土壤重金属污染综合整治、黑臭型城镇河道污染综合整治等工程。

---

①　资料来源:《云南金沙江开放合作经济带发展规划(2016—2020 年)》。

主要污染物减排工程。 工业企业、农业面源等水污染物（化学需氧量、氨氮等）减排工程，冶金、建材、有色金属、焦化等行业脱硫、脱硝等主要大气污染物（二氧化硫、氧化亚氮等）减排工程。

三、共建生态文明先行示范区

在省际合作机制下，滇沪双方按照长江经济带绿色廊道建设的要求，以生态文明先行示范区建设为抓手，将建立健全体制机制作为核心要务，按照可借鉴、可复制、可推广的目标要求，共同推动经济带的资源节约、生态治理修复和环境保护工作，探索跨区域、跨省际生态环保合作的有效途径和有效模式，支持建设一批国家循环经济示范城市（县），支持推进国家绿色经济试验示范区建设，支持建设一批国家级生态州（市）及一批国家级生态县、生态乡镇和生态村，支持一批国家级文化生态保护实验区建设，支持高原湖泊"抢救性保护"、省级生态文明县、生态文明乡镇、生态文明村创建，支持绿色学校、绿色社区、环境教育基地创建，共同把云南打造为全国的生态文明建设排头兵。

第四节　合作共促绿色产业互融

结合云南高原特色现代农业发展、工业转型升级和长江上游精品旅游示范带打造，充分发挥滇沪帮扶合作机制，推进"云品入沪""沪企入滇"行动计划和"千企帮千村"扶贫计划实施，资源优势互补，产业优化升级，互动协同发展，促进省内三次产业融合、绿色发展。

一、推进绿色农业发展

滇沪合作在一产上可以云南高原特色现代农业为突破口，共同打造"丰富多样、生态环保、安全优质、四季飘香"四张名片。切实把对口帮扶与龙头企业带动结合起来，打造企农利益共同体和企村帮扶模式。

滇沪农业合作可有效利用云南农业资源和上海等发达地区先进农业生产、管理技术及雄厚农业资本,支持云南发展绿色农业,促进农业发展方式转变和农业生态安全。合作共建一批高水平现代农业示范区,推进一批"三品一标"生产基地建设,着力打造长江上游地区绿色农业优势产业带和现代绿色农业发展先行区。鼓励参与绿色农产品生产的企业、组织和个人按照相关标准开展绿色生产,对于达到标准的给予项目、资金等配套支持。鼓励拓展农业多种功能,从上海等发达地区招商引资,打造一批集田园风光、民俗文化、特色村镇等于一体的田园综合体。依托与东方网合作开通的"捷手网",以电子商务和团购等方式拓展云南农产品进入上海消费者家庭,促进流域内农村一二三产业融合发展。加快区域绿色农业补贴制度建设研究,降低或减免云南绿色食品"云品入沪"进入超市和市场的入场费,降低流域内绿色农产品的生产和交易成本。延伸农业产业链,增强农业竞争力,帮助流域内群众脱贫致富。

二、推进生物资源深度开发

云南作为生物资源富集省份之一,在推进滇沪生物资源产业开发合作中前景广阔。云南在承接上海等东部地区产业转移过程中,利用云南花卉、中药材、果蔬、乳业、核桃、茶叶、香料等资源,重点发展生物制药、生物化工、生物制造、生物育种等产业。云南需加快引进和培育一批生物龙头企业,抓好附子、石斛、杜仲、天麻、灯盏花、当归、重楼、白芨、黄精、龙胆草等中药材以及核桃、茶叶、香料、果蔬、花卉、苗木等生物资源保障基地建设,实施立体循环特色生物资源开发项目,做强特色优势生物资源产业,提升生物技术创新水平,延伸生物产业链。利用云南"香料王国"优势,主动承接上海轻化工产业转移,将上海轻工业发达的技术、资本、人才、管理和市场优势,与云南"香料王国"的资源优势有机结合,深度合作开发香料产业。

三、支持发展低碳环保产业

推进滇沪经济合作过程中，服务长江经济带战略，一是打造沿江绿色能源产业带。以金沙江、澜沧江等为重点，积极开发利用水电，在做好环境保护和移民安置的前提下，加快水电基地和"云电东送"通道建设，扩大向下游地区送电规模，打造沿江绿色能源产业带。二是着力发展绿色环保产业。加快滇沪区域合作，大力发展太阳能真空管、电池、电动自行车等节能环保产业，推进节能制造、太阳能综合利用示范、节能技术产业化示范等工程建设。积极发展绿色金融，加快产业绿色转型发展。结合推进供给侧结构性改革，加快发展八大重点产业，支持一批绿色产业基地、绿色试验示范工程建设，构建绿色产业体系，发展节能绿色环保、清洁能源产业，着力培育绿色发展新动能。三是支持共建低碳产业园区。扎实推进国家低碳试点省建设，支持低碳试点城市建设。合作共推循环型工业发展，推进一批重点循环经济项目、重点生态工业园区建设，支持低碳产业园区建设，优化产业发展模式，大力发展循环经济，实施资源综合利用、产业园区循环改造、再生资源回收示范工程，延伸产业链，促进园区上下游产业融合协同发展。

四、建设金沙江沿江生态旅游经济带

结合上海境外游客资源丰富、云南旅游资源富集，滇沪双方可在旅游产业合作上深度开发潜力，加大旅游供给侧改革，共同开发长江经济带旅游产品和线路。找准滇沪旅游合作切入点，共同打造金沙江沿江生态旅游经济带，形成金沙江沿江黄金旅游景观带。不断完善基础设施，促进旅游产业与其他产业融合发展，打造生态旅游目的地，建成长江上游精品生态旅游示范带。以全域旅游发展模式，打造金沙江沿江生态旅游带。共建一批文化创意产业园区，打造民族文化品牌，促进文旅融合发展。

第五节　共搭环境交易平台

以共建长江经济带省际环境交易所、服务长江经济带生态环境保护工作为切入点,探索创建长江经济带环境要素交易中心,推进长江经济带省际碳排放权交易、节能减排和环保技术交易、节能量指标交易、二氧化硫等排污权益交易。充分发挥沪滇合作促进会作用,搭建滇沪生态环保合作平台。

一、共建长江经济带省际环境交易所及环境要素交易中心

滇沪发起共建长江经济带省际环境交易所,创建省际碳排放权交易中心、环境资源交易中心、环境能源交易中心和环境技术交易中心,合理引导,促进流域内、省际间环境资源交易市场互联互通,推进环境保护交易所和各类环境交易中心发挥其功能和关键性的作用。一是加快长江经济带内各省市环境资源交易市场的建立和完善,由长江沿线各省市政府牵头设立环境资源交易中心,并配套完善的监管体制。二是加强长江经济带各地环境资源交易市场的互联互通,逐步形成统一的区域性环境资源交易市场,设立统一的市场监管引导机构,统筹长江经济带环境资源交易市场监管调控事宜。三是充分利用“互联网+大数据”模式的优势,对长江经济带中上游云南段不同的生态环境做好详细调查并建立数据库,同时做好各地数据库的对接,形成完善统一的环境资源保护数据库,为长江经济带生态环境保护做好情报服务。四是对于积极推动科技创新落实节能减排目标的企业给予政策或资金上的扶持,积极参与碳排放权交易,同时通过合理的配额制度(以国内碳交易市场的碳配额制度作为参照)限制长江经济带内高污染高排放产业的发展规模,有效控制重点行业碳排放,缓解长江经济带生态环境保护压力。

二、发挥滇沪生态环境保护交流合作平台作用

发挥沪滇合作促进会的作用,拓展部门对口结对帮扶,筹建滇沪生态环保合作领导小组,探索构建跨省际生态环保协同性区域合作体制架构,打造长江流域上下游水环境综合治理、大气污染控制等生态环境监测网和联防联控平台,研究成立长江经济带节能减排区域性合作组织,探索建立跨省际水环境综合治理、大气污染防治联席会议制度。探索建立滇沪生态环保协作发展基金,引导生态环保行业、企业、社会各界加大力度,有效撬动社会民间力量,吸引民营与社会资本,做大长江经济带生态环保合作的"蛋糕"。建立健全滇沪生态环保部门协作机制,开展农村环境连片整治整县推进试点示范,加大中国传统村落环境整治力度,深入推进农村环境综合整治。通过部门互访、干部培训等渠道,着力提高全民生态文明意识,推进绿色发展方式转变,倡导绿色生活方式和行为习惯。强化和提升环保督查中心功能和作用,协同推进金沙江及长江的航运、发电、生态环保、防洪等工作。

第六节　强化机制政策支撑

探索建立组织协调机制、建立统一的市场机制、负面清单管理制度,构建环境污染联防联控机制;探索跨省域生态补偿机制,组建"长江经济带生态补偿委员会"[①];筹建设立滇沪绿色发展基金,组建环保投资公司,发展绿色金融;创新投融资模式,实施一批生态环保 PPP 项目等举措,为促进滇沪共建长江经济带绿色廊道、共筑生态安全屏障提供体制机制和政策保障。

---

① 王树华:《长江经济带跨省域生态补偿机制的构建》,《改革》2014 年第 6 期,第 32—34 页。

一、建立负面清单管理制度

打造长江经济带绿色廊道,按照全国主体功能区的规划要求,建立健全生态环境的硬约束机制,明确滇沪经济开发合作地区的环境容量,制定和实行国家重点生态功能区产业准入负面清单。被列为国家级重点生态功能区、限制开发区的,实行严格的产业准入负面清单管理制度。强化日常流域水环境综合治理、大气污染控制监测和监管,严格落实党政领导干部在滇沪合作过程中生态环境损害责任的追究问责制度。对不符合长江经济带生态环境保护负面清单管理制度要求,违规占用的岸线、河段、土地和布局的产业,无论对地方发展贡献大小,都必须无条件地退出。建立健全新建项目准入机制,逐步提高节能环保市场准入门槛。通过"以奖代补"支持淘汰落后产能。

二、构建环境污染联防联控机制

加快形成滇沪生态环保合作联防联控、流域管理统筹协调的区域协同发展新机制。共同探讨制定环境保护的地方性法规条例,完善跨省际污染物排放的惩罚机制,建立长江经济带统一监管的污染物排放环境管理制度。进一步完善污染物排放许可制度和环境损害赔偿制度。探索流域生态环保联动机制,推进流域生态环保合作。建立健全长江经济带环境污染联防联控机制和预警应急体系,促进长江经济带生态环保信息共享,建立健全跨省际、跨区域、跨流域、跨部门的突发环境事件应急响应机制。探索建立生态治理和环境保护评估会商、生态环保信息共享、联合环保执法、生态环境预警应急响应的区域联动机制,探索生态修复和治理、环境保护、绿色发展的指标评价体系。不断提升长江经济带生态环保联合监测和监察能力。探索沿江省市共同设立长江经济带生态治理和环境保护基金,促进流域内碳排放权、排污权、水权交易,探索建立环境污染第三方治理机制,加大长江经济带生态环境突出问题的联合治理力度。

三、建立横向生态补偿机制

建立跨省域生态补偿区域合作机制,探索构建长江经济带绿色廊道跨区域生态补偿制度,探索筹建经济带"生态补偿委员会",形成省际间资源、环境及其他重要要素的利益平衡格局。一是通过生态补偿机制等方式,激发沿江省市保护生态环境的内在动力。强化顶层设计,深化生态环保改革,理顺相关体制机制。将长江经济带生态优先上升到战略层面,提高生态环境保护意识。着力探索新时期跨省际生态修复、治理和环境保护的有效路径,促进先进适用技术研发示范,达到长江经济带开放战略与环保战略的双赢。[①] 二是探索跨省际横向生态补偿机制。为解决跨省域治理、跨省际协调等顽疾,必须打破行政区划界限和壁垒,有效利用市场机制,探索长江经济带跨省际生态功能区转移支付制度,开展流域横向生态补偿试点,推动建立跨省际、上下游生态补偿机制。切实按照"谁受益、谁补偿"的原则,探索长江经济带上中下游开发地区、跨省际受益地区与生态环境保护地区试点横向生态补偿。三是依托重点生态功能区,实行分类分级的补偿政策,建设一批生态补偿示范区。建立健全有利于自然保护区、森林公园、国家公园、湿地公园等保护地的生态保护补偿机制,加大对重点生态功能区的财政转移支付力度,探索建立横向的流域生态补偿机制。[②] 结合重点主体功能区的划分,在长江经济带建立限制开发区和禁止开发区,完善沿江省市上下游之间生态环境保护的协同补偿机制。四是省内流域生态补偿机制也需建立健全。根据"谁破坏谁恢复、谁受益谁补偿"和权责利相一致的原则,探索开展生态补偿机制试点。结合"润滇工程"、滇中引水工程建设,征收滇中引水工程地方水利建设基金,探索设立流域水资源

[①] 方子云:《保护水环境促进长江经济带的可持续发展》,《人民长江》1998 年第 1 期,第 38—40 页。

[②] 《云南省国民经济和社会发展第十三个五年规划纲要》。

利用生态补偿基金,建立省内流域生态补偿机制,以流域生态修复为重点,开展生态环境补偿试点工作。五是完善排污权交易制度,探索流域污染双向补偿制度。为促进长江经济带的可持续发展,树立节约集约循环利用的资源观,以滇沪合作为契机,探索建立市场化合作机制,探索滇沪双方建立用水权、碳排放权、排污权、用能权的初始分配制度。推动滇沪跨省际、跨流域、跨部门的生态环保协同管理,促进相关利益群体广泛参与,推进长江经济带经济社会与资源环境的协调发展。探索创建国家生态环境损害赔偿制度改革试点省份,健全生态补偿机制。合理利用湿地资源,建立长效保护机制,加快湿地立法和建立湿地生态补偿制度。六是拓展生态补偿空间范围。努力争取国家把云南金沙江流域涉及的 7 个州市、23 个县(市、区)全部纳入长江经济带生态补偿范围。同时,作为生态保护受益方,建议上海每年用市级财政收入的 0.5% 左右,通过转移支付、项目支持和专项补助等方式,用于支持云南建设长江经济带生态安全屏障。

四、健全生态文明制度

建设长江经济带绿色廊道,需健全生态文明制度。健全自然资源资产产权制度和用途管制制度,加强资源环境生态红线管控。完善资源有偿使用制度,建立和完善反映市场供求状况、资源稀缺程度和环境损害成本的资源性产品价格形成机制,完善土地、矿产资源有偿使用制度。健全水、土地、建筑节能、能源节约集约使用制度,实行最严格的水资源管理、耕地保护制度,完善矿产资源规划准入管理制度。改革环境治理基础制度,建立覆盖所有固定污染源的企业排放许可制度,落实省以下环保机构监测监察执法垂直管理制度。完善生态文明绩效评价考核和责任追究制度,健全差异化政绩考核制度,探索生态环境损害赔偿制度,建立完善生态环境损害责任追究制。[①]

---

① 《云南省国民经济和社会发展第十三个五年规划纲要》。

五、强化政策保障

滇沪开展生态保护与环境治理合作,共建长江经济带绿色廊道,可积极主动争取中央政策优惠倾斜和支持保障。加大中央财政资金转移支付力度,尤其是加大对长江经济带生态环保基础设施建设的倾斜支持力度。强化省级财政政策支持,加大对生态环保均衡性转移支付力度,加大省级财政的生态环保贴息投入力度。创新生态环保投融资模式,采取投资补助、资本金注入、价格激励等措施,在基础设施、公共事业、生态环境保护、产业园区等重点领域实施一批生态环保 PPP 项目。投融资政策上,应鼓励设立股权投资基金,积极争取国家长江经济带生态补偿政策。健全差别化的财政、产业、投资、人口流动、建设用地、资源开发、环境保护等主体功能区配套政策和县域经济考核评价制度。探索设立滇沪绿色发展基金,组建环保投资公司。推进浦发银行、沪农商村镇银行、富滇银行等金融机构发展绿色金融。

第七章 滇沪融入长江经济带战略与深化区域合作的体制机制与政策保障

在融入长江经济带战略背景下,为破解滇沪合作中面临的难题,需从省际经济合作协调机制、省际利益共建共享机制方面,开创长江经济带开放合作新局面。聚焦精准扶贫完善对口帮扶机制,形成自我发展的内生动力机制,不断健全和完善滇沪合作机制。同时,从财政、投融资、产业、土地、生态环保及人才等领域,配套完善相关政策,为深化滇沪合作提供政策撑支。

第一节 探索省际协调共建共享机制

充分发挥云南面向南亚东南亚、肩挑"两洋"的区位优势,辐射中心末端变前沿的优势,以长江经济带国家战略为主线,在长江上游滇川黔渝、中游湘鄂赣以及下游长三角地区初步建立起跨省际协商开放合作机制的基础上,以上海为龙头、以滇沪合作为纽带,发挥上海和云南开放经济的优势叠加效应,主动对接长三角地区,借助滇沪合作平台,打开西南通道,主动服务和融入国家"一带一路"战略。吸引上海等长三角地区参与孟中印缅经济走廊、中国—中南半岛经济走廊建设,滇沪共推区域经济合作,积极开拓南亚东南亚市场,共建跨省际协商开放合作机制,共促区域协调发展。探索滇沪合作共建共享机制,推动滇沪省际全方位开放合作。努力构建沿上海经云南通往南亚东南亚和云南通往沿江省市的双向大走廊,共同打造经济带开放合作的新局面。

一、建立健全省际经济合作协调机制

(一)健全组织协调机制

把滇沪扶贫协作工作纳入云南省委、省政府重要议事日程,由云南省委书记任组长,省长、省委副书记任副组长,相关部门主要领导为成员,成立帮扶协作领导小组,切实加强对滇沪对口帮扶合作工作的组织领导。提升对口帮扶领导小组办公室行政级别,建议办公室主任由分管副省长或省委副秘书长兼任,以形成"省领导小组办公室牵头、其他成员单位为翼"的"雁型"协作推进格局;州(市)滇沪领导小组办公室主任可由州(市)委副秘书长兼任①,强化机构职能,提高统筹协调能力。

(二)完善经济协作机制

滇沪合作要上升到加强东西部协作、服务"两个大局"的政治高度,上升到国家"一带一路"战略和长江经济带战略高度,以及民族团结进步示范区、生态文明建设排头兵、面向南亚东南亚辐射中心建设的高度上,把滇沪经济合作与深化云南改革紧密结合起来,学习上海作为改革开放排头兵在深化改革和扩大开放方面的宝贵经验,培育改革最前沿和沿边开放最前沿的发展新动能。抢抓自贸区和辐射中心建设战略机遇,基于包容性发展视角,以合作共赢为愿景,深刻领会国家东西部协作、服从"两个大局"政策内涵,以合作共赢为愿景,加强经济协作。从规划编制、政策实施、项目安排、资金投入和体制创新等方面,通过市场接入、资源整合、产融结合及社会参与等机制共同作用,加强经济协作。打通部门间协作通道,建立定期召开协调、专题会议制度,完善联席会议制度,定期协调解决滇沪合作过程中的重大问题,推动成员

---

① 张体伟:《发达地区对口援藏与云南藏区提升自我发展能力研究》,中国社会科学出版社2017年版,第86页。

单位主动加强和配合滇沪合作。①

（三）强化合作互动机制

完善滇沪部门间合作联动机制，促进部门间合作政策的协调性、衔接性和配套性，增强滇沪合作有效性。健全扶贫协作机制，签订两省之间、部门之间、州市县区之间的帮扶合作协议。强化对口帮扶工作，夯实滇沪区域合作的基础，提升滇沪合作层次，形成"帮扶"与"合作"并重的局面。充分发挥滇沪双方的互补优势和合作潜力，加强两地帮扶协作部门的沟通协调，定期互访。建立有效的合作机制，明确制定长期经济合作战略协议，形成一种制度安排和长效机制，促进滇沪产业深度融合、企业互动发展。引进市场机制，促进企业参与，推进区域合作与开发有机结合。以市场为导向，以企业为主体，加强政府引导和服务，引进并依托上海大企业进行产业化扶贫协作。加大滇沪经济技术协作力度，在基础设施建设、资源联合开发、资产重组、贸易带动、园区共建、资金融通、劳务协作、技术引进等多领域、多层次探索有效经济协作模式。

（四）创新社会参与机制

拓展渠道，撬动社会力量，完善社会参与机制，积极推进滇沪民间交流合作。充分发挥沪滇合作促进会的平台作用，进一步健全组织结构，完善管理制度，提升平台功能。把"云品入沪""沪企入滇"工程和产业园区共建作为深化滇沪合作的重要抓手和有效途径，以优势互补为基础，以合作共赢为目的，以市场为导向，以产业为主线，以资产为纽带，吸引民营与社会资本，撬动社会参与，做大滇沪合作"蛋糕"，促进更多的社会力量参与滇沪经贸合作。设立滇沪合作基金，发挥杠杆作用，利用创新模式，管理好项目和资金，将产融有机结合，通过并购重

---

① 张体伟、王奇：《深化发达地区对口援藏的思路和对策研究》，《中国经贸导刊》2015 年第 27 期，第 51 页。

组、产融服务等途径为会员服务。积极探索产业减贫、科技减贫、文化减贫、健康减贫等路径,有效发挥滇沪两地企业联合会、企业家协会、商会、园区协会等经济组织、民主党派以及工商联、工青妇、科协等群团组织的桥梁纽带作用,建立健全社会帮扶载体,引导社会参与力量逐步向更宽领域延伸,引导企业参与经济协作帮扶,拓宽资金筹集渠道。社会参与机制重心下移,推进乡镇及街道办结对帮扶合作。①

二、探索建立省际利益共建共享机制

(一)打通引资渠道并完善招商机制

打通滇沪经济合作招商引资渠道,积极发挥上海金融中心和资本市场优势,创新招商方式,探索拓展金融招商、产业招商、股权招商等投融资领域,拓展产业链招商渠道,利用大型会展,设立各州市特色商品和招商洽谈区,全方位、宽领域、多层次推进双边经济合作。借鉴上海在招商引资、市场建设等方面的有益经验,开展招商引资部门对口合作。构建滇沪招商引资协调机制,搭建招商引资平台,共同对外招商,信息共享,帮助云南加大招商引资力度,通过多平台信息渠道,引导上海及国内外企业以其有形、无形资产来云南投资办企业。搭建多层次展销平台,帮助云南企业拓展市场。云南需及时编制产业承接转移指南,促进特色优势产业发展,推进产业优化升级,培育绿色发展新动能,创新滇沪产能合作利益共享机制。加强现代农业、生物产业、旅游业合作,推进实施"云品入沪""沪企入滇"工程,打造"百户千亿"工程;结合旅游产业供给侧结构性改革,探索和创新长江经济带"全域旅游"发展模式,共同开发长江经济带旅游产品和线路,实现旅游开发利益共享机制。同时,加大推进协调力度,强化从项目洽谈到签约、落地、开工、建设等全方位服务。切实提高合同履约率、资金到位率和项目开工率,

① 张体伟、王奇:《深化发达地区对口援藏的思路和对策研究》,《中国经贸导刊》2015 年第 27 期,第 51 页。

推动项目取得实质性进展。[①]

（二）探索园区共建和利益共享机制

打造长江经济带园区联盟,促进滇沪产业园区共建共享。探索滇沪推进对口部门、对口区县、结对产业园区与经济开发区以及帮扶企业加强经济合作,促进滇沪两地区域联动、产业协同发展。创新滇沪合作机制,建立政府权力清单、责任清单和市场负面清单,简政放权,清理阻碍跨省际要素合理流动的地方性政策法规,打破市场壁垒,探索建立统一的市场准入制度和标准,合力共推资本、技术、劳动力等要素跨区域流动和优化配置。充分利用南博会、昆交会、迎春博览会、产业对接会、企业洽谈会等平台,每年组织多批上海企业代表团来滇考察,投资洽谈,积极参与和对口合作共建滇中产业聚集区、边境经济合作区、跨境经济合作区等重点区域建设。[②] 打造一批承接上海产业转移的基地,通过设立经济协作产业示范园,支持培植一批重点产业;通过设立滇沪经贸合作发展基金,对合作的重点行业、重点产品、重点项目给予专项补助、贷款贴息、滚动使用,鼓励滇沪企业合作。支持滇沪探索共建沿边自由贸易试验区,广泛借鉴上海自由贸易试验区试点经验,向改革要动力,向开放要活力,向创新要潜力,尽快形成可复制、可推广的沿边开放经验,探索共建沿边自由贸易试验区,推进开发开放试验。探索共建产业园区、重点开发开放试验区,提升各类园区发展水平,推动形成机制健全、功能完备、主题鲜明、特色突出、支撑有力的开放合作载体。按照股权比例分配、利税总额等方式,建立园区共建共享的利益分享机制;借鉴上海与江苏共建园区 GDP 分成的经验做法和利益共享模式,滇沪共建的产业园区因设计创新产生的 GDP 计算到上海市,生产制造

---

① 张体伟:《发达地区对口援藏与云南藏区提升自我发展能力研究》,中国社会科学出版社 2017 年版,第 88 页。

② 张体伟、王奇:《深化发达地区对口援藏的思路和对策研究》,《中国经贸导刊》2015 年第 27 期,第 51 页。

产生的 GDP 计算到云南省。健全有利于滇沪合作开发、拓展南亚东南亚市场并契合周边实际、与国际贸易投资规则相适应的体制机制。研究建立跨省际产能合作的利益共享机制,探索"飞地经济"园区利益分配模式,逐步形成指标健全、权重合理、比例得当的分配体系。

(三)探索构建跨省际生态补偿机制

建立长江经济带绿色廊道生态环境硬约束机制和负面清单管理制度。探索筹建"长江经济带生态补偿委员会",建立跨省域生态补偿区域合作机制,探索长江经济带绿色廊道跨区域生态补偿制度,逐步形成跨省际间资源环境与生态环保利益平衡的格局。建立健全跨省际生态补偿机制,激发云南等上游省市保护生态环境的内在动力。探索跨省际横向生态补偿机制,建立跨省际生态功能区转移支付制度,开展流域横向生态补偿试点,推动建立跨省际、上下游生态补偿机制。依托重点生态功能区,探索建立横向生态补偿机制,建设一批生态补偿示范区。完善排污权交易制度,探索流域污染双向补偿制度,探索滇沪双方建立排污权、碳排放权、用能权、用水权的初始分配制度,建议上海市每年用市级财政收入的 0.5% 左右,通过转移支付、项目支持和专项补助等方式,支持云南省建设长江经济带生态安全屏障。

三、聚焦精准扶贫完善对口帮扶机制

(一)完善精准结对帮扶机制

进一步完善结对帮扶协作机制,贯彻落实宁夏会议习近平总书记的重要讲话精神,关于"在完善省际结对关系的基础上,帮扶双方要着力推动县与县精准对接,组织辖区内经济较发达的县(市、区)同对口帮扶省份贫困县结对帮扶,实施携手奔小康行动"的要求,上海市 14 个区对接云南省 8 个重点扶贫协作州(市),企业对接 4 个面上扶贫协作市。聚焦精准扶贫工作,拓展空间范围,以东西部协作考核办法,倒逼对口帮扶协作空间全覆盖,因此,建议滇沪对口 8 个重点扶贫协作州市50个贫困县、4个面上扶贫协作州市20个贫困县实施全覆盖,不留"死角""空白点"。围绕建档立卡贫困人口脱贫目标,突出产业合作、劳务协作、人才支援、社会事业等帮扶重点,共同编制实施滇沪扶贫协作规划。充分利用精准扶贫建档立卡大数据平台等载体,组织上海社会各界到云南开展扶贫活动,鼓励民营企业、社会组织与云南的贫困村、建档立卡贫困户开展结对帮扶,动员民营企业参与"千企帮千村"精准扶贫行动。建议积极推动滇沪两省市扶贫协作向基层延伸,强化精准对接。深化上海市的14个区的乡镇(街道)与云南省8个州(市)的50个贫困县对接,实施"携手奔小康"行动。建议以上海市相关部门牵头(如:发改委、工信委、商务委、工商联等),组织上海市有实力的国有企业和有意愿帮扶的民营企业,与云南省面上扶贫协作4个市的20个贫困县936贫困村精准结对,实施"千企帮千村"扶贫行动,找准产业帮扶结合点,促进产业精准帮扶,实现两省市间各层次结对帮扶的精准对接。尤其是对面上扶贫协作州市中未能纳入重点扶贫协作范围的贫困大县,如:曲靖市的会泽县、宣威市,丽江市的宁蒗县,临沧市的沧源县等,建议进一步瞄准贫困地区薄弱环节和短板领域,推进横向行业部门之间的合作对接,在面上扶贫协作州市中,将这些贫困大县作为重点扶贫协作关系,协调上海市有实力的国有大型企业进行结对帮扶。强化经济社会各个方面的有效合作,推动两地帮扶合作向基层延伸,贫困乡镇、贫困村的结对帮扶,把建档立卡贫困人口脱贫作为精准帮扶工作重点,下沉帮扶重心,瞄准建档立卡贫困村,提高帮扶实效,实现两地间各层次结对帮扶的精准对接。同时,将昆明、玉溪两市重点纳入区域合作之中,推进滇中产业新区建设。

(二)健全扶贫协作资金配置机制

首先,帮扶资金配置重点投向需调整。根据中央对新时期东西部扶贫协作的要求,为实现现行标准下农村贫困人口如期脱贫的目标,切实加大资金和项目支持、产业合作、劳务协作、人才支援等工作力度。

建议上海市扶贫协作资金投向,进一步聚焦制约贫困群众脱贫致富的
短板领域,集中力量、聚焦重点,把有限的资金用于建档立卡贫困群众
提升自身"造血"能力上,以产业扶贫为重点,聚焦建档立卡的贫困村
贫困户,结合上海市人才、技术、市场、管理等方面的优势,建立有效的
联结机制,大力实施产业扶贫项目。其次,下放资金使用权限。按照
《关于创新机制扎实推进农村扶贫开发工作的意见》(中办发〔2013〕25
号)和《国务院扶贫开发领导小组关于改革财政专项扶贫资金管理机
制的意见》(国开发〔2014〕9 号)的要求,建议上海市扶贫协作资金项
目管理,按照省市级"管总量不管结构、管任务不管项目、管监管不管
实施"的要求,推进简政放权,将主导权还给云南。全面实行扶贫目
标、任务、资金、权责"四到县"或"四到州市"改革,促进扶贫协作资源
配置与"四到县"有机结合、与对接的贫困县脱贫摘帽时间有机结合。
再次,建立和完善扶贫协作资源整合机制。贯彻落实 2017 年中央一号
文件关于"所有贫困县开展涉农资金整合"的文件精神,有效整合专项
扶贫、行业扶贫和社会扶贫资源,构建扶贫协作资源投入增长的长效机
制,加大资源整合力度,推进扶贫协作资源配置规范化、配置精准化和
使用专业化,提高扶贫协作资源开发使用效率与精准扶贫精准脱贫的
效果。最后,增强帮扶地区的"造血"功能。优势互补,立足资源禀赋
和产业基础,以市场为导向,充分发挥上海市资金、技术、人才、信息、管
理、市场等优势和云南贫困地区资源、劳动力、民族文化、生态环境等优
势,培育一批带动建档立卡贫困户发展产业的合作组织和龙头企业,建
设一批贫困群众参与度高的特色产业基地,承接一批能提供更多就业
岗位的劳动密集型产业,推进园区共建,推动产业合作,带动贫困人口
脱贫,提升贫困地区自我发展能力和"造血"功能。

四、推动形成自我发展的内生动力机制

为破解滇沪帮扶合作过程中出现的合作"单相思症"、"帮扶疲劳

症"、等靠要"贫血症"、重建轻管"败血症"等"四症"突出的难题,云南需进一步借助滇沪帮扶合作的外力,不断优化调整产业结构,推进产业转型升级,提升经济发展质量和水平。在上海等发达地区外部帮扶合作与云南提升自我发展内生动力的"双轮驱动"下、对内对外"双开放"战略驱动下,突破要素制约,优化调整结构,提升产业集聚度,加大投融资力度,加快培植八大重点产业,培育战略性新兴产业。推进滇沪帮扶合作与省域经济、县域经济发展规划的高度契合,把政策优势与资源优势、外部帮扶协作内化为云南发展的优势,整合资源,形成合力机制,增强自我发展的内生动力,推动云南经济社会步入跨越式发展轨道。

（一）探索帮扶合作的市场化机制

在"千企帮千村"帮扶协作过程中,积极扶持发展新型农业经营主体,不断健全帮扶协作农村地区的农民专业合作社等农民合作经济组织,促进小生产与大市场相连接,以服务连接为桥梁,以产销连接为纽带,以利益连接为核心,不断提高帮扶协作农村地区农民组织化程度,引导贫困乡镇与建档立卡贫困村、贫困户进入市场。积极探索和总结帮扶协作的龙头企业与帮扶的贫困户通过股份制、股份合作制等形式,结成更加紧密的利益共同体,逐步形成"风险共担、利益共沾"的利益连接机制,提升帮扶协作农村地区"造血"功能和自我发展能力。

（二）激发底层参与的内生动力机制

通过滇沪帮扶合作"三动员、两培训",即对村"两委"班子开展脱贫攻坚前期动员,对村小组长、村组党小组长进行动员,对建档立卡贫困户及群众展开动员,提高脱贫攻坚参与能力;通过对"两委"班子及村小组长、村组党小组长等中坚力量的培训,以及建档立卡贫困户精神思想观念、文化与习惯、法治观念、技能、感恩教育等方面的培训,激发出"我要脱贫"的内生动力,发挥出贫困主体作用,激活群众参与机制。同时完善"党建+扶贫开发"双推进机制,帮扶合作重心下移,加强村委党总支、村组党支部建设,向基层延伸,向贫困村延伸,体现两个着力:一是把党总支、党支部班子成员培养成为致富带头人;二是把种养殖大户、致富能手培养成为党员,成为党组织一员,压实责任,辐射带动贫困村、贫困农户脱贫致富。同时,通过帮扶合作项目实施,让广大贫困农户参与项目并从项目实施中受益,提高有限的帮扶合作资源效率,增强贫困村及贫困农户对帮扶合作项目的拥有感,改变等靠要的"贫血"现象、重建轻管的"败血"现象,提升贫困人口的素质,提升贫困主体参与能力,真正形成精准脱贫的内生机制。

五、完善项目动态管理和监测评估机制

(一)建立健全项目管理机制

建立健全滇沪合作重大项目申报、审批、资金到位、开展实施等信息的电子信息平台和项目信息库,对滇沪合作重大项目实施全程化、信息化动态跟踪管理,对重点领域、重点环节加强监管。同时,进一步强化项目招投标管理,实行项目公开制,杜绝工程"暗箱操作",推行"阳光工程"。加强滇沪合作项目资金预算制和审批制,确保项目实施进度与资金拨付进度相匹配。按照统筹协调、任务明确、责任落实、项目到人的原则,形成一级抓一级、层层抓落实的项目管理体制,从组织上保障项目的顺利实施,提高项目管理水平。

(二)完善项目考核激励机制

细化帮扶协作项目管理的实施细则,建立健全项目资金绩效评估机制,使项目资金使用公开、透明,确保帮扶协作项目资金发挥最大的经济效益、社会效益和生态效益。完善挂职交流干部、专业技术人员的考核内容和办法,制定滇沪帮扶合作考核细则,定期考评与不定期抽查相结合,及时表彰工作突出的合作单位和个人,加强对援助企业的沟通、反馈、宣传和激励。建立并完善滇沪帮扶合作激励机制,通过"以奖代补"激励,以及税收、信贷等政策优惠,推进滇沪企业合作,实现互

利共赢发展。①

（三）营造良好外部环境

积极转变政府职能，改善政策环境。培育健康先进的经济体制，不断清除各种思想、体制、机制上的障碍，为两地经济协作的深入发展提供前提条件。努力创造良好的投资环境、金融环境，扩大开放自由投资、自主经营、公平竞争的市场环境，以及信息灵通、办事效率高、服务方便的社会文化环境，在软环境建设上下更大的功夫。

（四）理顺经济合作管理体制

由云南省委、省政府分管领导为主要负责人，负责统筹协调决策有关重大事项。以当地为主，围绕充分发挥互补优势，推动当地经济发展，制定经济社会合作长远规划，选准长远发展的主导支撑产业，更好地发挥上海合作方的技术、人才、管理优势，把握经济社会合作的主动权，充分实现双方经济长期联动发展。切实加强项目管理，按照合作项目化、项目责任化、责任具体化的要求，制定责任目标管理制度，建立合作管理和服务的常态化机制，切实做好援助项目资金的使用、监督、管理工作。

第二节　政策配套支撑

为抢抓长江经济带战略机遇，深化滇沪合作，需要从财政、投融资、产业、土地、生态环保及人才等政策方面提供强有力的支撑保障。

一、财政政策

（一）加大援助资金保障力度

恳请国务院扶贫办协调上海市进一步加大新阶段对云南扶贫开发

---

① 张体伟:《发达地区对口援藏与云南藏区提升自我发展能力研究》,中国社会科学出版社 2017 年版,第 89 页。

的帮扶投入力度,明确上海市对云南省对口帮扶的每年投入基数为上海市上年地方公共财政预算收入的3‰以上,并建立帮扶资金的长效增长机制。财政援助资金和项目要与扶贫协作专项规划相衔接,注重发挥引领性、示范性作用。建议通过项目支持、专项补助、转移支付等渠道,促进上海与云南深化区域协作,共融长江经济带。

(二)积极争取中央倾斜支持

积极争取中央资金对长江经济带基础设施、生态环境、社会事业和公共服务等领域的倾斜支持,提高省级财政均衡性转移支付、专项转移支付、省级财政专项投资和财政贴息资金的投入力度。[①] 下放调整资源税额度的税政管理权限,对在云南从事资源开发项目征收的资源税改为从价征收,资源税留给地方。适当降低扶持特色产业的财税优惠政策门槛,给予"落户"云南的高新技术企业更优惠的税收政策。争取中央对贫困县公益性建设项目予以全额补助,免除地方配套资金。积极争取国家政策支持,推进财政资金统筹使用,清理整合专项资金,重点向基础设施、社会事业、扶贫开发、生态建设等重大项目倾斜。优先支持将公路、铁路、民航、通信等建设项目纳入投资计划,对公益性建设项目,取消县以下(含县)以及集中连片特困地区州市级配套资金。对符合条件的公共基础设施项目贷款给予贴息支持。省财政有关转移支付资金对滇沪共建的重点开发开放试验区、边(跨)境经济合作区、综合保税区建设予以适当支持。

二、投融资政策

(一)创新投融资模式

按照国家有关要求,进一步下放有关滇沪合作项目的审批权限。建立透明、规范的投融资机制,采取投资补助、资本金注入和价格激励

---

① 资料来源:《云南金沙江开放合作经济带发展规划(2016—2020年)》。

等措施,对滇沪合作的基础设施、公用事业、生态环境保护和产业园区等重点领域,加快推进政府和社会资本合作。[①] 滇沪双方积极争取投融资政策支持,共同争取国家开发银行、国际金融机构、国外政府等机构贷款向长江经济带建设、滇沪合作重点项目的倾斜。共同争取中国—东盟投资合作基金、中国—东盟专项信贷资金,开发建设有关项目。探索设立滇沪经贸协作发展基金,推进滇沪经贸合作。支持设立政府引导基金,通过 PPP 等模式撬动民间投资,引导并参与到长江经济带及滇沪合作建设中。探索设立长江经济带开发银行,建立长江流域发展基金,鼓励设立股权投资基金、产业投资基金和创业投资基金,推进滇沪投融资合作,支持水富港、边境口岸等滇沪合作重点工程建设。健全投资跟踪协调服务机制,开展区域投资环境评价。探索创建长江经济带要素交易中心,加快林权、矿权等交易中心建设,共同打造综合性产权交易中心。加强与政策性金融机构合作,加大专项建设基金对滇沪合作重人项目建设的支持力度。

(二)配套完善金融政策

加大金融服务力度,强化对滇沪合作建设基础设施、发展特色优势产业等领域的信贷支持。积极开展在滇金融干部到沪培训,柔性引进上海高层次人才,强化金融人才支撑。支持符合条件的滇沪两地企业通过企业债券、中期票据、挂牌上市和保险资金运用等方式,拓宽融资渠道。鼓励政策性担保机构通过注资和参股方式,组建政策性再担保机构,探索设立政府性创新再担保基金,为滇沪企业产品出口或进口大宗资源类产品提供担保服务,促进滇沪合作水平提升。实施差别化政策,支持更多云南企业上市融资。积极探索滇沪两地金融机构合作的新模式,实施"金融入滇工程",推进总部设在上海的境内外法人银行在滇设立分支机构,支持浦发银行、富滇银行开展"银银合作",到南亚

---

① 资料来源:《云南金沙江开放合作经济带发展规划(2016—2020 年)》。

东南亚各国设立分支机构,支持推进昆明区域性金融中心、云南沿边金融综合改革试验区建设。

三、产业政策

(一)探索建立承接产业转移政策

实施差别化产业政策,利用负面清单模式,编制云南承接上海等东部地区产业转移的指南。优先布局旅游文化、健康生物产业、现代物流、清洁载能和战略性新兴产业项目,打造一批承接上海等东部地区产业转移的基地。例如,利用云南"有色金属王国"资源优势,主动承接上海制造产业转移;利用云南"香料王国"优势,将上海化工产业技术、资本和管理等优势与云南香料资源优势有机结合,主动承接上海轻化工产业转移,打造香料产业。对开发新型产品和服务的滇沪合作企业,简化政府补贴申请及审批程序;鼓励滇沪合作企业加大科技研发投入,对获得国家、省(部)级工程中心、重点实验室和企业技术中心的企业给予奖励;开展知识产权质押融资市场化风险补偿机制试点工作。[①]积极发展沿边外向型产业,通过设备折旧补贴、设备贷款担保、迁移补贴、土地置换等手段,促进产业合理布局和跨区域转移。对引进且符合云南产业政策、对当地经济发展带动作用强的产业项目,在项目审批、核准、备案等方面加大支持力度。对引进的上海帮扶合作企业给予同等的税收减免、建设用地等扶持政策。

(二)支持共建国际产能合作基地

支持共建区域性进出口产品交易市场、展示中心、生产要素市场、商品集散中心等。支持滇沪两地企业依托云南区位优势和资源条件,结合周边市场需求,共同建设面向南亚东南亚的外向型产业基地。利用滇沪合作机制,支持进出口加工基地和外向型产业基地建设,鼓励云

---

① 资料来源:《云南金沙江开放合作经济带发展规划(2016—2020年)》。

南外向型经济向规模化、集约化方向发展,大力培育战略性新兴产业,重点打造以高新技术产业为先导、先进制造业为主体、特色优势产业为基础、现代服务业为支撑的现代产业体系,建设一批具有国际竞争力的烟草及配套、能源、有色金属、磷化工、煤化工、装备制造、林浆纸、生物医药、光电子、绿色产品、新能源、新材料等生产基地。促进企业资源整合,培育壮大龙头企业,鼓励滇沪两地企业到老挝、缅甸、孟加拉国等南亚东南亚国家投资办厂,加快与周边国家产业对接。支持把云南打造为境内外电力交换枢纽,支持建设面向南亚东南亚的国际物流基地,支持共建产业转移园区和进出口加工区,支持打造能源、冶金、机电、建材、化工、医药、食品等国际产能合作基地,提升滇沪两地产业实力和竞争力。支持滇沪两地扩大从南亚东南亚进口资源及特色产品,支持滇沪两地高新技术和冶金、机电、建材等产品出口南亚东南亚市场。继续支持滇沪企业到南亚东南亚进行农业开发,联合开展南亚东南亚国家矿产资源勘探开发与合作。支持滇沪两地企业到南亚东南亚国家合作承包工程、劳务转移培训、人才培养等方面的合作。

(三)创新产业政策推动企业合作

滇沪双方需采取政策引导、园区共建、资金支持、舆论鼓励等多种方式,帮助上海等东部地区企业到云南等西部地区发展,通过企业合作推动产业转移、产能合作。对于到云南贫困地区投资兴业、参与脱贫攻坚的企业,云南应制定政策给予一定的财税、金融等政策支持,对于双方协作共建产业园区要研究出台区域产值、税收分成、环保容量调剂补偿、新增建设用地土地指标跨区域调剂使用等政策。

(四)产业政策导向促进脱贫攻坚

在滇沪对口帮扶资金中设立产业扶贫发展基金,滚动发展。推广资金互助社经验和做法,建立和完善产业帮扶资金滚动使用机制,扩大产业帮扶受益群体,提升扶持效益。整合各类产业发展扶持资金,支持旅游文化、特色农业、优势工业、生态环保、清洁能源和现代服务业发展。把科技扶贫与产业扶持结合起来。创新农业产业化对口帮扶模式,以高原特色农业为突破口,切实把对口帮扶与龙头企业带动结合起来,打造企农利益共同体和企村帮扶模式。引进电商平台,促进产业融合。利用"产权分离""生态移民+产业支撑"、文旅产业开发等模式,通过小额信贷、财政贴息等途径,提升产业扶持比重。① 创新产业培育机制,做好精准到村到户产业扶持规划,培育壮大新型农业经营主体,构建社会化服务体系,探索实施"支部+合作社+基地+农户""公司+基地+农户""大户+贫困户""党员+贫困户"等模式和订单种植、养殖模式,促进产业化经营与精准脱贫有效对接。扶持建设一批贫困人口参与度高的特色产业基地,打造生态农庄,培育壮大集体经济,增强集体归属感。通过林地、土地流转方式,以示范基地建设为引领,引进龙头企业、种植养殖大户,因地制宜发展产业,培育特色品牌。综合电商扶贫、大数据扶贫,探索互联网+扶贫机制,支持贫困群众通过发展产业脱贫,努力做到路子精准、特色产业精准和服务精准,增强产业"造血"功能。

四、土地政策

对滇沪合作重大项目给予新增建设用地计划指标预留,优先安排共建的产业园区、进出口加工基地、物流中转场、商品集散中心、展示中心、要素市场等设施用地。对可挖潜的存量建设用地,制定相应的开发利用政策,依法有序开展城镇低效用地再开发,统筹安排增减挂钩及农村土地整治的规模、布局和时序,挖掘建设用地空间,为滇沪产能合作提供用地保障。进一步降低滇沪协作企业的用地成本,推行工业用地出让弹性年期制,以"先租后让、租让结合"的方式提供用地。探索土地利用总体规划与年度计划相协调的调控机制。全面开展农村土地承

---

① 张体伟:《发达地区对口援藏与云南藏区提升自我发展能力研究》,中国社会科学出版社 2017 年版,第 89 页。

包经营权确权登记颁证工作,完善土地流转机制,引导和支持农村土地经营权有序流转,外引内培,促进土地经营适度规模流转。

五、生态政策

打造长江经济带绿色廊道,对列为国家级重点生态功能区、限制开发区实行严格的产业准入负面清单管理制度。争取中央财政加大对长江经济带重点生态功能区的均衡性转移支付力度。争取中央资金对经济带生态保护与环境治理基础设施建设的倾斜支持。积极争取国家长江经济带生态补偿有关政策,探索上下游开发地区、受益地区与生态保护地区之间建立横向生态补偿机制。建立健全森林、草原、湿地、流域和矿产资源开发领域生态补偿机制,逐步提高生态公益林补偿标准,形成体现资源环境价值的市场化补偿机制。争取国家建立水电资源开发长效补偿机制,通过地方依法参股、留存电量等多种方式支持水电资源就地转化用于电站库区生态环境保护和扶贫开发。[1] 探索建立滇沪生态环保协作发展基金,筹建设立滇沪绿色发展基金,组建环保投资公司,引导生态环保协作。推进浦发银行、沪农商村镇银行等金融机构发展绿色金融。建立健全经济带生态环境保护法律体系。

六、人才政策

一方面,积极筹建滇沪智库联盟。整合滇沪社科院、高校等科研机构力量,发挥滇沪两地智库作用,推进滇沪智库交流合作,共同打造长江经济带新型智库联盟,推进滇沪深度合作;另一方面,着力打造滇沪合作人才高地。争取加大党委及政府部门、大型企业、发达地区与经济带干部双向挂职、任职及交流挂职力度。争取上海等东部地区"博士服务团""院士工作站"等人才和引智项目向云南倾斜。支持建立健全

---

① 资料来源:《云南金沙江开放合作经济带发展规划(2016—2020 年)》。

人才交流互动机制,设立人才专项奖励基金,促进党政干部、专业技术人才双向交流,培养复合型人才。建立大型专业人才服务平台,完善人才需求信息发布方式,增强滇沪人才供需衔接。创新人才培养模式,深入实施高技能人才振兴计划,加大云南青年技能人才培养力度。[①] 实施人才帮扶工程,争取上海重点院校、科研院所、大型企业选派人才参与云南经济建设。充分发挥市场在人力资源配置中的决定性作用,促进人才合理流动。完善滇沪科技合作机制,以上海科创中心为平台,在滇设立生物医药等高端研发子中心。依托"高素质教育人才培养工程""全民健康卫生人才保障工程""专业技术人才知识更新工程"等国家重大工程,支持各类人才队伍建设。恳请中央把云南建设成为"东西扶贫协作劳动力转移培训基地"。完善干部挂职、培训制度。降低门槛,到沪挂职干部可由处级向科级,甚至村"两委"干部延伸。加强金融、智能电网、生物医学、产业与环保节能技术等重点领域急需紧缺人才、高端人才引进和少数民族人才培训力度。落实个人所得税减免、薪酬补贴等优惠政策,广泛吸引上海等东部地区高层次紧缺人才到滇创业创新。

---

① 资料来源:《云南金沙江开放合作经济带发展规划(2016—2020 年)》。

主要参考文献

［1］本刊编辑部：《打造长江经济带的四大问题》，《中国港口》2014 年第 10 期。

［2］曹阳：《区域产业分工与合作模式研究》，吉林大学 2008 年博士论文。

［3］曹阳、王亮：《区域合作模式与类型的分析框架研究》，《经济问题探索》2007 年第 5 期。

［4］长江流域发展研究院课题组：《长江经济带发展战略研究》，《华东师范大学学报》1998 年第 4 期。

［5］陈国斌：《云南承接长江经济带产业转移中的政府行为研究》，云南大学 2015 年硕士论文。

［6］陈静：《区域经济发展中的对口援助模式与运行研究》，西南财经大学 2013 年博士论文。

［7］陈文玲：《一带一路与长江经济带战略构想内涵与战略意义——兼论重庆在两大战略中的定位》，《中国流通经济》2016 年第 7 期。

［8］陈秀山、张可云：《区域经济理论》，商务印书馆 2003 年版。

［9］陈泽明：《区域合作通论》，复旦大学出版社 2005 年版。

［10］陈忠言：《中国农村开发式扶贫机制解析——以滇沪合作为例》，《经济问题探索》2015 年第 2 期。

［11］《邓小平文选》第三卷，人民出版社 1993 年版。

［12］邓毅：《广西建设监理市场分析及企业对策：博弈论视角》，广西大学 2007 年硕士论文。

［13］豆建民：《我国区域经济合作障碍及其对策分析》，《经济问题探索》2004 年第 11 期。

［14］范恒山：《国家区域发展战略的实践与走向》，《区域经济评论》2017 年第 1 期。

［15］范恒山：《关于深化区域合作的若干思考》，《经济社会体制比较》2013 年第 4 期。

［16］范小建：《在全国东西扶贫协作工作座谈会上的讲话》，载国务院扶贫开发领导小组办公室编《扶贫工作动态》2012 年第 2 期（总第 152 期）。

［17］方莉萍、方钦梅：《上海金融业发展的概况和经验借鉴》，《东方企业文化》2015

年第 19 期。

[18]方子云:《保护水环境促进长江经济带的可持续发展》,《人民长江》1998 年第 1 期。

[19]高程:《区域合作模式形成的历史根源和政治逻辑——以欧洲和美洲为分析样本》,《世界经济与政治》2010 年第 10 期。

[20]谷永芬、刘颖:《试析区域市场合作的博弈》,《商业研究》2005 年第 11 期。

[21]郭界秀:《比较优势理论研究综述》,《社科纵横》2007 年第 22 期。

[22]何钟秀:《论国内技术的梯度转移》,《科研管理》1983 年第 1 期。

[23]胡启相等:《加快推进云南生物医药和大健康产业发展对策措施建议》,《改革与探索》2017 年第 1 期。

[24]黄晓英:《2015 云南金融那些事儿》,《云南经济日报》2016 年 1 月 7 日。

[25]蒋费雯、罗小龙:《产业园区合作共建模式分析——以江苏省为例》,《城市问题》2016 年第 7 期。

[26]蒋美英、张鹤达:《基于博弈论的中国区域经济合作的可行性研究》,《经济问题探索》2011 年第 7 期。

[27]蒋旭峰、曹甜甜:《从"送来文化"到"自办文化"——传播学视野下的新农村文化建设研究》,《中国地质大学学报(社会科学版)》2012 年第 4 期。

[28]蒋媛媛:《长江经济带战略对长三角一体化的影响》,《上海经济》2016 年第 2 期。

[29]阚占菊:《新疆城乡金融包容性发展研究》,新疆财经大学 2012 年硕士论文。

[30]康杰:《地方保护对区域经济合作的阻碍及其突破》,《金陵科技学院学报(社会科学版)》2007 年第 4 期。

[31]李国平、赵永超:《梯度理论综述》,《人文地理》2008 年第 1 期。

[32]李竞立:《昆明抢占新能源汽车高地》,《云南日报》2017 年 1 月 5 日。

[33]李培志:《论我国社会事业的理论内涵、现实意义与发展策略》,《天津社会科学》2013 年第 5 期。

[34]李伟:《上海制造业如何重获产业优势》,《解放日报》2016 年 11 月 22 日。

[35]林小莉:《长江经济带经济发展质量评价与空间分异研究》,重庆工商大学 2016 年硕士论文。

[36]刘铁:《对口支援的运行机制及其法制化》,法律出版社 2010 年版。

[37]刘宇南:《我国贫困地区农村社会事业发展现状及对策建议——基于中西部三县的调研》,《宏观经济管理》2008 年第 8 期。

[38]马英:《云南文化旅游产业的发展战略研究》,《经济问题探索》2009 年第 6 期。

[39]牛艳梅:《我国反梯度推移理论研究综述》,《时代金融》2012 年第 8 期。

[40]庞效民:《90 年代我国区域经济合作政策效果分析》,《地理研究》1999 年第 9 期。

［41］彭劲松：《长江经济带区域协调发展的体制机制》，《改革》2014 年第 6 期。

［42］仇喜雪：《激励理论与对口支援西部高等教育的制度创新》，《中央财经大学学报》2011 年第 4 期。

［43］上海市发展改革委高技术处：《上海：生物产业新思路新方法新举措》，《中国科技投资》2012 年第 12 期。

［44］盛毅：《汶川地震对四川经济发展的影响》，《四川党的建设》2008 年第 8 期。

［45］孙雷：《辽宁开展"组团式"健康扶贫》，《中国人口报》2016 年 8 月 2 日。

［46］王济林：《74 家医院结对帮扶贵州》，《健康报》2017 年 1 月 3 日。

［47］王静、于法稳：《温饱试点村：增强社区发展能力的突破口——上海—云南对口帮扶协作的调查报告》，载《社会扶贫中的政府行为调查报告》，中国经济出版社 2001 年版。

［48］王树华：《长江经济带跨省域生态补偿机制的构建》，《改革》2014 年第 6 期。

［49］温浩、李勇等：《新疆区域性远程医学体系构建与应用》，《中国卫生信息管理杂志》2013 年第 4 期。

［50］吴林：《长江经济带 11 省市经济差异分析》，湖北省社会科学院 2015 年硕士论文。

［51］席锦、杨生斌：《我国企业人力资源外包分析》，《哈尔滨商业大学学报（社会科学版）》2011 年第 2 期。

［52］夏禹龙、刘吉等：《梯度理论和区域经济》，《科学学与科学技术管理》1983 年第 2 期。

［53］肖林：《携手共建长江经济带服务国家战略》，《科学发展》2016 年第 86 期。

［54］新华社：《习近平：东西部扶贫协作必须长期坚持下去》，《当代县域经济》2016 年第 9 期。

［55］熊文钊、田艳：《对口援疆政策的法治化研究》，《新疆师范大学学报（哲学社会科学版）》2010 年第 3 期。

［56］徐国弟等：《加快长江经济带综合开发的战略构想》，《宏观经济管理》1998 年第 8 期。

［57］闫亚南：《比较优势理论的发展研究》，《对外经贸》2012 年第 1 期。

［58］杨继瑞、杨蓉、马永坤：《协同创新理论探讨及区域发展协同创新机制的构建》，《高校理论战线》2013 年第 1 期。

［59］尹志超：《试论农业竞争力及其提升》，《西北农林科技大学学报（社会科学版）》2005 年第 5 期。

［60］袁永友、尹晓波：《论环保革命对长江经济带外向型经济发展的影响》，《国际经贸探索》1998 年第 3 期。

［61］云南省扶贫办：《云南省扶贫开发志（1984—2005）》，云南民族出版社 2007 年版。

［62］张体伟:《发达地区对口援藏与云南藏区提升自我发展能力研究》,中国社会科学出版社 2017 年版。

［63］张体伟、罗明军:《对口援藏与藏区提升自我发展能力研究》,《贵州民族研究》2016 年第 4 期。

［64］张体伟、王奇:《深化发达地区对口援藏的思路和对策研究》,《中国经贸导刊》2015 年第 27 期。

［65］赵明刚:《中国特色对口支援模式研究》,《社会主义研究》2011 年第 2 期。

［66］赵新国、毛晓玲:《上海对口帮扶云南的工作实践及其成效考察》,《黑龙江民族丛刊》2014 年第 2 期。

［67］郑庄:《增长极视角下江苏沿江发展研究》,上海海事大学 2006 年硕士论文。

［68］中共中央宣传部编写:《习近平总书记系列重要讲话读本（2016 年版）》,学习出版社、人民出版社 2016 年版。

［69］周春花:《区域经济发展战略与喀什经济特区的思考》,《实事求是》2013 年第 2 期。

［70］邹辉、段学军:《长江经济带研究文献分析》,《长江流域资源与环境》2015 年第 10 期。

［71］Andrew Moravcsik, "Negotiating the Single European Act: National Interests and Conventional Statecraft in the European Community", *International Organization*, Vol. 45, No. 1, 1991.

［72］Overland, Martha Ann, *Paying for Resaults: A New Approach to Government Aid*, Chronicle of Philanthropy, 2011.

［73］PER VAIZ IQBAL:《中加贸易比较优势与结构整合研究》,中国矿业大学博士学位论文,2013 年。

［74］Robert Keohane and Stanley Hoffmann, *Institutional Change in Europe in the 1980s*, in Robert Keohane and Stanley Hoffmann, eds., *The New European Community: Decision-making and Institutional Change*, Boulder: Wetview Press, 1991.

［75］Ralph Lattimore, *Longrun Trends in New Zealand Industry Assistance*, New Zealnd Institute of Economic Research(Inc.)(NZIER)Mouth Working Paper, 2003.

后　记

　　本书系云南省人民政府与中国社会科学院战略合作框架下设立的"省院合作"项目,立项开展"融入长江经济带战略与深化滇沪合作研究"(批准号:SY201603,结项证书号:SY201603)的成果。课题组在调研过程中,得到了上海市人民政府合作交流办公室、上海市社会科学院、云南省扶贫开发办公室帮扶协作处以及迪庆州、普洱市等州市扶贫开发办公室的鼎力帮助和大力支持。在写作过程中,上海市社会科学院副院长、博士生导师张兆安研究员,上海市社会科学院应用经济研究所区域经济与城乡发展研究室主任、博士生导师靖学青研究员,云南省扶贫开发办公室帮扶协作处牛涛处长等多位专家不吝指教,云南省社会科学院副院长边明社教授、云南省政府研究室农村发展处马国胜处长、云南财经大学博士生导师赵果庆教授、昆明理工大学经管学院原院长、博士生导师段万春教授、云南省社会科学院经济研究所所长董棣研究员等专家学者还对研究成果修改完善提出了许多宝贵的意见及建议,在此一并表示衷心感谢!

　　课题负责人及课题组主要成员作为一个研究团队,从立项设计、野外调研、写作等课题分工协作过程中,体现出了科研执着追求的精神,以及良好的团队合作精神,使得本课题得以顺利完成。由课题负责人撰写的前期咨询成果《新时期进一步深化滇沪帮扶合作的思路和建议》,通过云南省人民政府办公厅《信息专报》2015年第52期呈报,获得省长、副省长两位主要省级领导的重要实质性批示,咨询成果中提出筹建滇沪合作促进会、拓展帮扶合作空间等对策建议获得省级部门采纳并付诸实践中,滇沪合作促进会于 2015 年 6 月 9 日正式成立,2016 年云南帮扶合作州市由长期的"4+2"州市格局调整为"8+4"州市的帮扶合作格局;课题负责人主持完成的《滇沪对口帮扶与区域合作研究》成果于 2016 年 5 月获得云南省人民政府颁发的省第十九次哲学社会科学优秀成果三等奖。一系列与本书紧密相关的研究成果已产生良好社会影响,这与课题组团队倾力合作和投入大量的精力是分不开的,对课题组青年学者自身学术研究是一个提升。

本书撰写分工如下:

导　论:张体伟、孙长学

第一章:张体伟、孙长学、屈任杰

第二章:宋媛

第三章:罗明军

第四章:颜晓飞

第五章:张源洁

第六章:陈晓未

第七章:张体伟、孙长学

第八章:张体伟、孙长学

张体伟研究员、孙长学研究员对本书进行了系统统稿和修改完善。由于学术水平有限,在著作编撰过程中难免有疏漏与不足,敬请广大读者批评指正。

"融入长江经济带战略与深化滇沪合作研究"课题组

二〇一七年五月

策划编辑:郑海燕

责任编辑:郑海燕　张　燕

封面设计:王欢欢

责任校对:孙寒霜

图书在版编目(CIP)数据

融入长江经济带与深化滇沪合作研究/张体伟　孙长学 等著. —北京:
人民出版社,2017.10

ISBN 978-7-01-018101-1

Ⅰ.①融…　Ⅱ.①张…　Ⅲ.①长江经济带-区域经济发展-研究
Ⅳ.①F127.5

中国版本图书馆 CIP 数据核字(2017)第 210552 号

融入长江经济带与深化滇沪合作研究

RONGRU CHANGJIANG JINGJIDAI YU SHENHUA DIANHU HEZUO YANJIU

张体伟　孙长学　等著

人民出版社 出版发行

(100706　北京市东城区隆福寺街99号)

北京龙之冉印务有限公司印刷　新华书店经销

2017 年 10 月第 1 版　2017 年 10 月北京第 1 次印刷
开本:710 毫米×1000 毫米 1/16　印张:12
字数:160 千字

ISBN 978-7-01-018101-1　定价:48.00 元

邮购地址 100706　北京市东城区隆福寺街 99 号
人民东方图书销售中心　电话 (010)65250042　65895359